Père Robert Culat

Homélies pour l'année liturgique A

Père Robert Culat

Homélies pour l'année liturgique A
D'après le lectionnaire de l'Eglise catholique

Éditions Croix du Salut

Impressum / Mentions légales
Bibliografische Information der Deutschen Nationalbibliothek: Die Deutsche Nationalbibliothek verzeichnet diese Publikation in der Deutschen Nationalbibliografie; detaillierte bibliografische Daten sind im Internet über http://dnb.d-nb.de abrufbar.
Alle in diesem Buch genannten Marken und Produktnamen unterliegen warenzeichen-, marken- oder patentrechtlichem Schutz bzw. sind Warenzeichen oder eingetragene Warenzeichen der jeweiligen Inhaber. Die Wiedergabe von Marken, Produktnamen, Gebrauchsnamen, Handelsnamen, Warenbezeichnungen u.s.w. in diesem Werk berechtigt auch ohne besondere Kennzeichnung nicht zu der Annahme, dass solche Namen im Sinne der Warenzeichen- und Markenschutzgesetzgebung als frei zu betrachten wären und daher von jedermann benutzt werden dürften.

Information bibliographique publiée par la Deutsche Nationalbibliothek: La Deutsche Nationalbibliothek inscrit cette publication à la Deutsche Nationalbibliografie; des données bibliographiques détaillées sont disponibles sur internet à l'adresse http://dnb.d-nb.de.
Toutes marques et noms de produits mentionnés dans ce livre demeurent sous la protection des marques, des marques déposées et des brevets, et sont des marques ou des marques déposées de leurs détenteurs respectifs. L'utilisation des marques, noms de produits, noms communs, noms commerciaux, descriptions de produits, etc, même sans qu'ils soient mentionnés de façon particulière dans ce livre ne signifie en aucune façon que ces noms peuvent être utilisés sans restriction à l'égard de la législation pour la protection des marques et des marques déposées et pourraient donc être utilisés par quiconque.

Coverbild / Photo de couverture: www.ingimage.com

Verlag / Editeur:
Éditions Croix du Salut
ist ein Imprint der / est une marque déposée de
AV Akademikerverlag GmbH & Co. KG
Heinrich-Böcking-Str. 6-8, 66121 Saarbrücken, Deutschland / Allemagne
Email: info@editions-croix.com

Herstellung: siehe letzte Seite /
Impression: voir la dernière page
ISBN: 978-3-8416-9853-7

Copyright / Droit d'auteur © 2013 AV Akademikerverlag GmbH & Co. KG
Alle Rechte vorbehalten. / Tous droits réservés. Saarbrücken 2013

Homélies du père Robert Culat

Année liturgique A

Table des Matières

Premier dimanche de l'Avent 9
    Matthieu 24, 37-44 9
Deuxième dimanche de l'Avent 11
    Matthieu 3, 1-12 11
Troisième dimanche de l'Avent 13
    Matthieu 11, 2-11 13
Quatrième dimanche de l'Avent 15
    Matthieu 1, 18-24 15
Messe de la nuit de Noël 2007 17
La Sainte Famille 19
    Matthieu 2, 13-23 19
Epiphanie du Seigneur 21
    Matthieu 2, 1-12 21
Le baptême du Seigneur 23
    Matthieu 3, 13-17 23
2ème dimanche du temps ordinaire 25
    Jean 1, 29-34 25
3ème dimanche du temps ordinaire 27
    Matthieu 4, 12-23 27
4ème dimanche du temps ordinaire 29
    Matthieu 5, 1-12 29
5ème dimanche du temps ordinaire 31
    Matthieu 5, 13-16 31
6ème dimanche du temps ordinaire 33
    Matthieu 5, 17-37 33

7ème dimanche du temps ordinaire 35
    Matthieu 5, 38-48 35
8ème dimanche du temps ordinaire 38
    Matthieu 6, 24-34 38
9ème dimanche du temps ordinaire 41
    Matthieu 7, 21-27 41
Premier dimanche de Carême 43
    Matthieu 4, 1-11 43
Deuxième dimanche de Carême 45
    Matthieu 17, 1-9 45
    2008 45
Troisième dimanche de Carême 47
    Jean 4, 5-42 47
Quatrième dimanche de Carême 49
    Jean 9, 1-41 49
Cinquième dimanche de Carême 51
    Jean 11, 1-45 51
Dimanche des Rameaux et de la Passion 53
    Matthieu 26,14 – 27,66 53
Jeudi Saint, Messe en mémoire de la Cène du Seigneur 55
    Jean 13, 1-15 55
Vendredi Saint 2006 57
    Célébration de la Passion du Seigneur 57
Pâques 2005 59
2ème dimanche de Pâques 61
    Jean 20, 19-31 61
3ème dimanche de Pâques 63
    Luc 24, 13-35 63

4ème dimanche de Pâques 66
   Dimanche de prière pour les vocations 66

5ème dimanche de Pâques 68
   Jean 14, 1-12 68

6ème dimanche de Pâques 70
   Jean 14, 15-21 70

Ascension du Seigneur 72
   Matthieu 28, 16-20 72

7ème dimanche de Pâques 74
   Jean 17, 1-11 74

Pentecôte 76
   Jean 20, 19-23 76

La Sainte Trinité 78
   Jean 3, 16-18 78

Fête du Saint-Sacrement 80
   Jean 6, 51-58 80

10ème dimanche du temps ordinaire 82
   Matthieu 9, 9-13 82

11ème dimanche du temps ordinaire 84
   Matthieu 9,36-10,8 84

12ème dimanche du temps ordinaire 87
   Matthieu 10, 26-33 87

13ème dimanche du temps ordinaire 89
   Matthieu 10, 37-42 89

14ème dimanche du temps ordinaire 91
   Matthieu 11, 25-30 91

15ème dimanche du temps ordinaire 93
   Matthieu 13, 1-23 93

16ème dimanche du temps ordinaire 95
    Matthieu 13, 24-43 95
17ème dimanche du temps ordinaire 97
    Matthieu 13, 44-52 97
18ème dimanche du temps ordinaire 99
    Matthieu 14, 13-21 99
19ème dimanche du temps ordinaire 101
    Matthieu 14, 22-33 101
Assomption de Marie / 2006 103
20ème dimanche du temps ordinaire 105
    Matthieu 15, 21-28 105
21ème dimanche du temps ordinaire 107
    Matthieu 16, 13-20 107
22ème dimanche du temps ordinaire 109
    Matthieu 16, 21-27 109
23ème dimanche du temps ordinaire 111
    Matthieu 18, 15-20 111
24ème dimanche du temps ordinaire 113
    Matthieu 18, 21-35 113
25ème dimanche du temps ordinaire 115
    Matthieu 20, 1-16 115
26ème dimanche du temps ordinaire 117
    Matthieu 21, 28-32 117
27ème dimanche du temps ordinaire 119
    Matthieu 21, 33-43 119
28ème dimanche du temps ordinaire 121
    Matthieu 22, 1-14 121

29ème dimanche du temps ordinaire 123
    Matthieu 22, 15-21 123
30ème dimanche du temps ordinaire 125
    Matthieu 22, 34-40 125
31ème dimanche du temps ordinaire 127
    Matthieu 23, 1-12 127
Toussaint 2004 129
32ème dimanche du temps ordinaire 131
    Matthieu 25, 1-13 131
33ème dimanche du temps ordinaire 133
    Matthieu 25, 14-30 133
Le Christ Roi de l'univers 135
    Matthieu 25, 31-46 135

Premier dimanche de l'Avent
Matthieu 24, 37-44
2004

Nous le savons bien : le but premier du temps liturgique de l'Avent est de nous orienter vers l'avenir et non pas vers le passé. La préparation à la fête de Noël n'est donc pas la note essentielle de ce temps liturgique. Ce n'est d'ailleurs qu'à partir du 4ème dimanche de l'Avent que la liturgie nous oriente vers la célébration de la Nativité du Seigneur. L'Avent nous invite à considérer notre avenir : l'avenir de l'humanité et de la création tout entière tel que Dieu, dans sa sagesse et sa providence, le veut et le prépare. Notre profession de foi résume cet avenir en quelques mots : « *Jésus reviendra dans la gloire, pour juger les vivants et les morts ; et son règne n'aura pas de fin. J'attends la résurrection des morts, et la vie du monde à venir. Amen.* » Il est clair que la fin et le début de notre année liturgique se ressemblent fortement : de la fête du Christ Roi de l'univers au premier dimanche de l'Avent il y a comme un fil conducteur. C'est le fil de l'histoire de notre salut si bien mis en lumière par saint Paul : « *En Jésus-Christ Dieu voulait réunir sous une seule tête, quand le temps serait accompli, tout ce qui est au ciel, et ce qui est sur terre* ».[1]

L'Avent nous rappelle qu'en tant que chrétiens nous devrions être marqués au plus profond de notre être par une attente. Si la foi nous projette vers notre avenir ce n'est pas pour nous faire rêvasser ou nous faire abandonner nos responsabilités d'ici-bas. C'est pour nous permettre de vivre notre présent de manière juste. L'attente de l'avènement du Fils de l'homme est donc active. Il s'agit bien pour nous d'être des hommes et des femmes de désir. Un disciple du Christ qui se croit comblé et satisfait, donc sans désir, devrait se remettre en question. Cette attitude est probablement le signe d'alarme qu'il n'a rien compris à ce qu'est la vie spirituelle. La vie spirituelle est un dynamisme qui nous pousse toujours de l'avant, le contraire d'une installation confortable. Selon le psalmiste, « *l'homme comblé qui n'est pas clairvoyant ressemble au bétail qu'on abat* ».[2]

Dans ce contexte nous comprenons peut-être mieux pourquoi Jésus dit que le temps de son avènement ressemblera à l'époque de Noé : « *on mangeait, on buvait, on se mariait* ». Ces activités sont de toutes les époques et chaque époque correspond à cette description. Remarquons qu'il ne s'agit pas ici de choses mauvaises ou de péchés, mais bien d'activités humaines normales et ordinaires. Cette description de l'époque de Noé ne porte pas tant sur les occupations humaines que sur l'état d'esprit des personnes : notre grande tentation à tous c'est de nous installer dans une vie routinière et par conséquent médiocre du point de vue spirituel. Notre grande tentation c'est de nous laisser tellement accaparer par nos activités quotidiennes et nécessaires que nous en oubliions l'essentiel : le Seigneur vient à notre rencontre pour donner sens à nos existences et nous devons aller à sa rencontre. Souvent quand je

---

1 Ephésiens 1, 10

2 Psaume 48, 21

circule sur l'autoroute il m'arrive de penser en moi-même en voyant toutes ces voitures roulant dans les deux sens et très rapidement : oui, tous ces conducteurs sont très pressés de rejoindre leur destination, mais savent-ils seulement où ils vont ? C'est-à-dire : vivent-ils l'instant présent pleinement en ayant conscience de ce *pour quoi* ils sont faits ? L'Evangile de ce dimanche me fait immanquablement penser à un texte de saint Paul : « *Le temps s'est raccourci. De toutes façons, ceux qui ont pris femme doivent vivre comme s'ils n'en avaient pas, ceux qui pleurent comme s'ils ne pleuraient pas, ceux qui sont heureux, comme s'ils ne l'étaient pas, ceux qui achètent, comme s'ils ne possédaient pas, et ceux qui jouissent de la vie présente, comme s'ils n'en jouissaient pas. Car les situations de ce monde sont en train de passer.* »[3] Mal comprise cette exhortation de l'apôtre ne peut que nous révolter. Saint Paul invite tout simplement le chrétien à une prise de distance salutaire par rapport aux réalités quotidiennes dans lesquelles il est immergé en tant qu'homme. Etre chrétien c'est avoir la tête dans le ciel et les pieds sur terre, c'est être dans le temps des hommes et déjà dans l'éternité de Dieu. Si Jésus nous invite à la vigilance du cœur pour accueillir dans nos vies son Royaume, c'est parce que le temps présent a déjà le goût de la vie bienheureuse avec Dieu. Cet Evangile est plein d'espérance. En nous demandant de veiller continuellement, c'est-à-dire d'être éveillés spirituellement, le Seigneur nous fait comprendre la réalité suivante : Il nous visite bien plus fréquemment que nous ne le pensons, et ses visites sont bien souvent inattendues. Alors ne soyons pas comme les compatriotes de Noé qui « *ne se sont doutés de rien* »… Soyons prêts à nous laisser surprendre par la Bonne Nouvelle du Christ !

---

[3] Première lettre aux Corinthiens, 7, 29-31

Deuxième dimanche de l'Avent
Matthieu 3, 1-12
<u>2004</u>

Au premier abord c'est la personne de Jean le Baptiste qui domine l'Evangile de ce deuxième dimanche de l'Avent. Matthieu nous présente Jean sous un jour plutôt austère et sévère. Sa prédication retentit dans le désert de Judée et elle est un appel à la conversion, au changement de vie, *« car le Royaume des cieux est tout proche »*. Jean se situe bien dans la lignée des prophètes qui n'ont eu de cesse d'interpeller le peuple d'Israël pour le ramener à une conduite meilleure. En traitant les pharisiens et les sadducéens d' *« engeance de vipères »* Jean adopte le ton passionné, fougueux et parfois sévère de ses lointains prédécesseurs les prophètes. Cet homme quelque peu déroutant est le porte-parole de Dieu à une époque charnière de l'histoire religieuse de notre humanité : le passage de la première Alliance à la nouvelle Alliance en Jésus-Christ, alliance définitive et parfaite. Ce qu'il prêche c'est l'urgence de la conversion pour le peuple de Dieu.
En fait Jean n'est que le précurseur, la voix qui, dans le désert, annonce l'avènement de la Parole de Dieu faite chair en Jésus le Christ. Fidèle à son tempérament sévère il annonce Jésus d'abord comme un juge, mais aussi comme celui qui donnera au peuple le vrai baptême dans l'Esprit Saint et dans le feu. Jean se sait infiniment inférieur à Jésus et il ne le cache pas : *« Celui qui vient derrière moi est plus fort que moi, et je ne suis pas digne de lui retirer ses sandales. Lui vous baptisera dans l'Esprit Saint et dans le feu »*. Si l'intransigeance de Jean peut nous effrayer, son humilité nous édifie. Elle est la preuve qu'il vient vraiment de Dieu pour préparer les cœurs à accueillir le Messie. L'humilité du précurseur est le signe de l'abaissement du Fils de Dieu en notre faveur. Si Jean s'estime indigne de retirer les sandales du Messie, Jésus, lui, ira jusqu'au geste inouï et bouleversant du lavement des pieds. Et Pierre, bien conscient de son indignité, refuse spontanément cet abaissement de son Maître et Seigneur. La première conversion à effectuer dans l'économie de la Nouvelle Alliance concerne l'image que les hommes religieux se font généralement de Dieu : un Dieu lointain, tellement transcendant qu'il est impensable d'entrer avec Lui dans une relation d'amour et de confiance… En annonçant la proximité du Royaume des cieux Jean montre à ses contemporains que Dieu se fait proche d'eux en leur envoyant le Messie tant attendu. Cette proximité avec l'homme sera tellement forte qu'elle sera incomprise. L'affirmation de l'incarnation du Fils de Dieu sera perçue comme un blasphème, d'où la mort de Jésus en croix.
La seconde conversion concerne l'image que nous nous faisons de nous-mêmes, et c'est peut-être là qu'il nous faut chercher la fine pointe de cet Evangile. Si Jean est sévère à l'égard des pharisiens et des sadducéens c'est que quelque part il lit dans leur cœur. Il sait très bien ce qui les empêche de changer de vie : *« N'allez pas dire en vous-mêmes : 'Nous avons Abraham pour père' »*. C'est une tentation assez fréquente pour les hommes religieux que celle d'une fierté mal placée ou d'un orgueil à peine dissimulé. Jean la débusque. En tant que catholiques nous pourrions

avoir tendance à nous glorifier de notre passé, de notre tradition et à oublier que c'est dans le présent que Dieu nous rend visite. C'est aujourd'hui que Dieu attend de nous un fruit qui exprime notre conversion. Les prêtres rencontrent souvent des personnes qui rappellent leur passé pour montrer qu'elles sont religieuses : « Mon père, j'ai été dans les écoles catholiques pendant toute mon enfance, j'ai servi la messe etc. » A quoi cela sert-il si aujourd'hui ma relation avec le Seigneur est tiède pour ne pas dire moribonde ? Il faudrait relire dans ce contexte toute une partie du chapitre 8 de saint Jean. Jésus dit aux juifs qui croyaient en lui : « *Vous serez mes vrais disciples si vous persévérez dans ma parole ; alors vous connaîtrez la vérité et la vérité vous rendra libres.* » Le salut chrétien est une œuvre de libération spirituelle et intérieure. La réponse des juifs est significative : « *Nous sommes la race d'Abraham et nous n'avons jamais été esclaves de personne ; pourquoi nous dis-tu : vous serez libres ?* »[4] Alors que Jésus invite les juifs à un travail spirituel de libération, eux se tournent avec orgueil vers le passé en se réclamant d'Abraham… C'est ainsi que l'on peut passer à côté de la nouveauté du salut dans nos vies.

S'il est quelqu'un qui a compris le message de Jean, c'est bien Paul, le pharisien converti :

« *Je ne me crois pas déjà qualifié, mais je reste tendu de l'avant sans plus penser à ce que je laisse derrière, et je cours les yeux fixés sur le prix de la vocation divine, je veux dire de l'appel de Dieu dans le Christ Jésus* ».[5]

---

4   Jean 8, 31.32

5   Philippiens 3, 13.14

Troisième dimanche de l'Avent
Matthieu 11, 2-11
2004

    Le troisième dimanche de l'Avent est traditionnellement le dimanche de la joie.[6] La première lecture de cette messe, extraite du prophète Isaïe, a en effet une tonalité particulièrement joyeuse. Mais il n'est pas évident de retrouver cette note de joie dans l'Evangile selon saint Matthieu, du moins au premier abord.

Dimanche dernier nous avons entendu la prédication de Jean le Baptiste dans le désert de Judée. Aujourd'hui nous le retrouvons en prison parce qu'il a osé critiquer la conduite du roi Hérode. Dans sa captivité le précurseur s'interroge sur l'identité de Jésus : « *Es-tu celui qui doit venir, ou devons-nous en attendre un autre ?* » Etrange question dans la bouche de celui qui annonçait dans le désert la venue du Royaume des cieux en la personne de Jésus... Question compréhensible si nous nous rappelons que c'est l'imminence du jugement que Jean annonçait : « *Déjà la cognée se trouve à la racine des arbres : tout arbre qui ne produit pas de bons fruits va être coupé et jeté au feu. [...] Il amassera le grain dans son grenier. Quant à la paille, il la brûlera dans un feu qui ne s'éteint pas.* » Bien qu'en prison, Jean devait se tenir informé des faits et gestes de Jésus et constater qu'il n'accomplissait pas le programme annoncé : celui d'un jugement sévère. D'où le doute qui monte dans son cœur, doute favorisé par les ténèbres de sa prison... La réponse que le Seigneur donne aux disciples de Jean est une invitation à la conversion : « *La Bonne Nouvelle est annoncée aux pauvres. Heureux celui qui ne tombera pas à cause de moi !* » Jean doit changer sa conception du Messie : passer du juge sévère à celui qui est le porteur de la Bonne Nouvelle du salut. Le prophète est invité à reconnaître en Jésus l'incarnation même de cette Bonne Nouvelle, le visage du salut que Dieu offre maintenant à tout son peuple. S'il ne le fait pas, il risque bien d'être le premier à tomber à cause de Jésus !

Un peu plus loin, dans le même chapitre de l'Evangile, Jésus rappelle que la critique n'a épargné ni Jean, considéré comme trop sévère, ni lui-même : « *Et puis vient le Fils de l'Homme qui mange et qui boit, et l'on dit : il aime le vin et la bonne chère, c'est un ami des collecteurs de l'impôt et des pécheurs !* » L'attitude du Seigneur envers les pécheurs en a déjà fait tomber plus d'un parmi ses contemporains, Jean pourrait bien être du nombre s'il ne se ravisait pas quant à sa conception du Messie. Son attente du jugement est probablement encore trop humaine.

Après l'interrogation sur l'identité de Jésus nous passons à une autre interrogation, cette fois sur l'identité de Jean : « *Qu'êtes-vous allé voir au désert ?* » C'est Jésus qui pose la question aux foules et donne lui-même la réponse : Jean est le grand prophète. Dimanche dernier c'est Jean qui faisait la louange de Jésus. Aujourd'hui c'est l'inverse : « *Parmi les hommes, il n'en a pas existé de plus grand que Jean Baptiste* ». Cette affirmation du Christ va très loin : Jean est plus grand qu'Abraham, Moïse et David, pour ne citer que quelques unes des grandes figures de la première Alliance. Cela ne tient pas à son mérite personnel mais à la mission unique qui lui a

---

6   *Gaudete*

été confiée : faire passer le peuple de Dieu, et avec lui l'humanité tout entière, de la première Alliance à l'Alliance nouvelle et éternelle qui sera scellée dans le sacrifice du Christ, celui que le précurseur désigne justement comme l'Agneau de Dieu.
« Et cependant le plus petit dans le Royaume des cieux est plus grand que Jean ». Cette dernière phrase de l'Evangile est sans aucun doute la plus importante. C'est cette affirmation, nous allons le voir, qui donne à l'Evangile la tonalité de joie propre à ce dimanche. En effet nous avons la joie de vivre dans l'ère chrétienne. La prédication de la Bonne Nouvelle par le Christ a fait basculer notre humanité dans une ère nouvelle, dans une phase nouvelle de l'histoire du salut. Et c'est pour cette raison que désormais tous les critères de jugement et de comparaison sont remis en cause. Ce qui autrefois était le plus grand (Jean) n'est rien en comparaison de la grandeur nouvelle qui est celle de l'Evangile. En tant que baptisés et disciples de Jésus nous pouvons nous reconnaître dans ces petits du Royaume des cieux. Notre joie c'est bien de nous savoir plus grands que Jean, et cela sans aucun orgueil de notre part. Deux passages de saint Matthieu me serviront de conclusion. Ils nous indiquent ce qu'est la véritable grandeur chrétienne, ils nous montrent ce qui fait notre grandeur dans l'économie de la nouvelle Alliance.
« Si vous ne redevenez pas comme des enfants, vous n'entrerez pas dans le Royaume des Cieux. Si quelqu'un peut se rabaisser au niveau de cet enfant, c'est lui le plus grand dans le Royaume des Cieux. Et si quelqu'un reçoit en mon nom un enfant tel que je viens de dire, il me reçoit. »[7]
« Si l'un d'entre vous veut être grand, qu'il se fasse votre serviteur, et si l'un d'entre vous veut être le premier, qu'il soit votre esclave, tout comme le Fils de l'Homme qui n'est pas venu pour être servi, mais pour servir et donner sa vie en rançon pour la multitude. »[8]

---

7   18, 3-5

8   20, 26-28

Quatrième dimanche de l'Avent
Matthieu 1, 18-24
2004

Dans le déroulement de la liturgie le 4ème dimanche de l'Avent nous prépare plus directement à la célébration de la fête de Noël.
Cette année l'Evangile est celui de l'annonciation à Joseph en saint Matthieu. Ce texte nous est beaucoup moins familier que celui de l'annonciation à Marie en saint Luc. Cependant ces deux témoignages évangéliques sur l'origine de Jésus-Christ se rejoignent. Ils sont le fondement de notre profession de foi en l'incarnation du Verbe de Dieu : nous croyons en effet *« en Jésus-Christ, son Fils unique, notre Seigneur, qui a été conçu du Saint-Esprit, est né de la Vierge Marie »*. En saint Luc, c'est l'archange Gabriel qui vient annoncer à Marie sa vocation de mère du Messie et qui vient lui demander son consentement. En saint Matthieu, c'est un Ange du Seigneur qui vient visiter Joseph en songe pour lui signifier sa vocation : il est appelé à être le père adoptif de Jésus en gardant Marie son épouse avec lui. C'est par le « oui » de Joseph que le Fils unique de Dieu pourra être dans son humanité le Fils de David. Ces récits évangéliques nous parlent davantage de l'identité de l'enfant qui va naître que de Marie ou de Joseph. Ils sont en ce sens christologiques. Certes le consentement de Marie et de Joseph au projet de Dieu est important et nécessaire. En disant « oui » à la nouveauté inouïe et imprévisible de l'Incarnation, Joseph et Marie orientent nos regards vers le mystère du Christ Sauveur. Par leur exemple de docilité à la Parole de Dieu ils nous montrent comment accueillir le Seigneur qui vient dans nos vies, souvent à l'improviste.
Je voudrais souligner deux aspects de ce récit évangélique. Le premier concerne la conception virginale de Marie. Le second les noms qui seront donnés à l'enfant.
L'Ange dit à Joseph pour l'éclairer : *« L'enfant qui est engendré en elle vient de l'Esprit Saint »*. C'est le mystère de la conception virginale. Le dernier livre de Jacques Duquesne consacré à Marie remet en cause la réalité de cette affirmation de foi. Certains ont prétendu qu'il fallait voir derrière la conception virginale un mépris de l'Eglise pour la sexualité. Il est évident que notre raison est incapable d'accepter cette vérité de foi. Une Vierge qui met au monde un enfant cela dépasse notre entendement humain. Le Catéchisme pour adultes des Evêques de France déclare à ce sujet : *« Nous ne devons donc pas essayer de nous représenter, plus ou moins scientifiquement, la conception virginale, mais y croire comme nous croyons à l'action absolument transcendante de Dieu dans la Création ».*[9] Cela nous donne une piste de réflexion intéressante. Saint Paul appelle le Christ le Nouvel Adam, voulant signifier par là qu'avec l'avènement du Christ c'est une nouvelle création ou une récréation qui advient. Les pères de l'Eglise ont vu en Marie la Nouvelle Eve. Sa virginité est le signe que Dieu fait du neuf, qu'il crée quelque chose de nouveau en décidant de l'Incarnation du Fils. La conception virginale de Marie ne doit pas être interprétée comme un mépris de la sexualité humaine. Elle signifie tout simplement

---

9   N° 152

que l'enfant qui va naître a Dieu, et lui seul, pour Père, et que selon la formule du Credo il sera « *de même nature que le Père* ». Par Marie Jésus est pleinement homme. Par l'action de l'Esprit Saint en Marie il est pleinement Dieu. De toute éternité, dans la vie trinitaire, le Fils unique, est engendré par le Père. A la plénitude des temps c'est encore par une action divine, celle de l'Esprit Saint, que le Fils unique prend chair de la Vierge Marie. Certains négateurs de la conception virginale rapprochent celle-ci des mythologies païennes. Là encore le catéchisme des évêques de France nous met en garde : les récits évangéliques *« évitent soigneusement tout ce qui ressemblerait aux histoires mythologiques païennes, où un dieu s'unit à une femme pour engendrer un héros ou demi-dieu ».*[10]

Je conclurai en parlant des noms de l'enfant qui va naître. Matthieu voit dans la naissance du Messie l'accomplissement d'une prophétie d'Isaïe, c'est notre première lecture : *« On l'appellera Emmanuel, Dieu avec nous »*. Or ce n'est pas le nom que l'Ange indique à Joseph : *« Elle mettra au monde un fils auquel tu donneras le nom de Jésus, le Seigneur sauve »*. Ce n'est donc pas selon la lettre que les Ecritures s'accomplissent avec le mystère de Noël. Mais bien selon l'Esprit de Dieu. Le nom d'Emmanuel qui n'a pas été retenu nous parle de l'identité de l'enfant : il est Fils de Dieu. Ce nom a la même signification que la conception virginale : cet enfant vient du Père et non pas d'une volonté humaine. Quant au nom de Jésus il nous parle de la vocation de l'enfant, de sa mission : il sera le Sauveur de l'humanité. Et ce n'est pas un hasard si c'est par le sacrement de baptême que nous entrons dans la nouvelle création, dans le salut de Dieu... Notre naissance à la vie divine, à la vie des enfants de Dieu, n'est pas l'œuvre d'une volonté humaine mais bien l'œuvre de Dieu par l'Esprit Saint. Si le Sauveur est né dans le temps par la conception virginale, nous, les sauvés, nous renaissons à la vie de Dieu par le baptême.

---

10   n° 152

Messe de la nuit de Noël 2007

« Un enfant nous est né, un fils nous a été donné. » Cet enfant annoncé par le prophète Isaïe, nous le reconnaissons avec Marie, Joseph et les bergers dans le nouveau-né de Bethléem. Ce sont les anges qui nous révèlent son identité profonde : Il est le Sauveur, le Messie, le Seigneur. Révélation bouleversante entre toutes ! Dieu lui-même, en son Fils, épouse notre condition humaine. Le Fils unique et éternel du Père connaît l'expérience de la naissance, propre aux créatures humaines que nous sommes. Par Marie il se fait l'un de nous pour vivre notre vie et connaître lui aussi le terme de la vie humaine, la mort. Et tout cela dans la pauvreté et l'abaissement, de la crèche à la croix. *« Vous savez ce qu'a été la générosité de notre Seigneur Jésus Christ. Lui qui était riche, il s'est fait pauvre pour vous, pour que vous soyez riches au prix de sa pauvreté »*[11].

Le grand mystère de l'incarnation est la preuve divine de l'immense valeur de toute vie humaine, de notre vie humaine : de ta vie, de ma vie. Nous le savons : nous n'avons ici-bas qu'une seule vie humaine. Notre vie ce n'est pas comme le Bac ou comme le permis de conduire, on ne peut pas la redoubler ou la repasser… L'enjeu pour nous est donc énorme. Soit nous la réussissons ; soit nous la ratons, nous la gâchons. Car nous sommes créés libres. Si Dieu vient habiter parmi nous en son Fils bien-aimé, c'est pour nous montrer le chemin d'une vie humaine pleinement réussie, le chemin de notre bonheur pour ici-bas et pour la vie éternelle, celle d'une communion parfaite avec Dieu et entre nous dans l'Amour. Le bébé de Bethléem, bien que sans parole intelligible, est la Parole de Dieu faite chair. Et cette parole nous supplie, comme si Dieu se mettait à genoux devant nous, de ne pas rater notre vie, de ne pas la gâcher. Car nous ressemblons bien souvent à ce « peuple qui marchait dans les ténèbres » lorsque nous refusons d'accueillir en vérité « la bonne nouvelle d'une grande joie » annoncée par les anges en cette sainte nuit. Notre refus peut se cacher derrière notre tiédeur, notre manque de ferveur et de foi, ou bien encore derrière notre indifférence. Comment pourrions demeurer indifférents, avec un cœur de pierre, en présence de la générosité de notre Dieu ? L'apôtre Pierre nous rappelle qu'il s'agit ici de notre libération : *« Vous le savez : ce n'est point par des choses corruptibles, argent ou or, que vous avez été libérés de la vie sans but héritée de vos pères, mais par un sang précieux, celui d'un agneau, sans défaut et sans tache, Christ, désigné dès avant la fondation du monde et manifesté à la fin des temps à cause de vous »*[12].

Marcher dans les ténèbres, mener une vie sans but : oui, telle est la triste condition de l'homme séparé de son Dieu, donc de sa vocation au bonheur, par son péché, son indifférence, son égoïsme et enfin par sa mort. Marcher dans les ténèbres, c'est être dans ce monde sans Dieu ni espérance, comme l'affirme Paul : *« En ce temps-là vous n'aviez pas de Messie, vous étiez étrangers à la société israélite et aux alliances qui*

---

11   2 Co 8, 9

12   1 Pierre 1, 18-20

portaient la promesse de Dieu. Vous étiez dans ce monde sans Dieu ni espérance »[13]. Mes chers amis, mesurons-nous à sa juste valeur l'immense grâce que nous avons de vivre dans l'ère chrétienne, en 2007 après cette sainte nuit de Bethléem ? Avons-nous vraiment conscience d'être sauvés d'une vie dans but ni espérance ? Et le Sauveur a pour nous en cette sainte nuit le visage de celui qui est le plus faible et le plus fragile, le visage d'un nouveau-né emmailloté et couché dans une mangeoire. Oui, Dieu vient nous sauver par sa pauvreté, et cette pauvreté le conduira à la croix, jusqu'au bout de notre vie humaine dans ce qu'elle a de plus douloureux et de plus dramatique. Oui, ce n'est point par des choses corruptibles, argent ou or, que nous sommes libérés, mais par le sang précieux de l'Agneau ; ce corps et ce sang qui nous sont offerts en chaque communion eucharistique. Si tel est le chemin de notre salut, comment pourrions-nous mettre notre espérance dans notre compte en banque ou dans notre situation professionnelle ou sociale ? L'argent, le pouvoir ou l'ambition sont incapables de sauver notre vie, pas plus que la science ou la politique. Ce ne sont pas ces réalités qui donnent goût et saveur à notre existence. Seul l'Amour de Dieu répandu dans nos cœurs par le Saint-Esprit est un moteur assez puissant et profond pour nous sauver du désespoir et nous pousser à aller au-delà de nous-mêmes, tendus vers un idéal capable de nous transformer et de transformer de l'intérieur notre monde.

La Bonne Nouvelle de Dieu est toujours aussi mal accueillie : « *Il n'y avait pas de place pour eux dans la salle commune.* » Car elle nous provoque au changement et nous remet en question. Les idéologies athées ont voulu séparer le bonheur de l'homme de sa divine vocation. Les anges, dans leur louange, nous rappellent que la gloire de Dieu et notre bonheur sont en fait inséparables : « *Gloire à Dieu au plus haut des cieux, et paix sur la terre aux hommes qu'il aime.* »

---

[13] Ephésiens 2,12

La Sainte Famille
Matthieu 2, 13-23
2004

La fête de la Sainte Famille de Jésus, Marie et Joseph est le prolongement nécessaire du mystère de la Nativité du Seigneur. Lorsque le Verbe se fait chair, il assume dans sa personne notre humanité avec tout ce qu'elle comporte à l'exception du péché. Or le fait d'appartenir à une famille est l'une des expériences humaines fondamentales. Cette expérience de la famille est non seulement fondamentale mais aussi fondatrice pour l'enfant, le jeune et même pour l'adulte. Dans le mystère de l'incarnation nous devons toujours unir un aspect surnaturel et un aspect profondément humain. Tout simplement parce que cet enfant est pleinement Dieu, pleinement homme. Le caractère surnaturel de Noël nous est donné par la conception virginale. Jésus ne vient pas au monde comme tous les enfants. Il a certes une mère. Mais son unique Père c'est Dieu. Nous pouvons comme lire en filigrane la conception virginale dans la manière de parler de l'Ange du Seigneur. S'adressant à deux reprises en songe à Joseph, il lui dit : *« prends l'enfant et sa mère »*. Si Joseph avait été le géniteur de Jésus, l'Ange lui aurait certainement parlé d'une autre manière : *« prends ton enfant et ton épouse »*, par exemple. En même temps le Fils de Dieu ne fait pas semblant d'assumer notre humanité. Il ne joue pas à l'homme. Il est pleinement homme et c'est à ce titre qu'il a, comme tous les hommes, une famille. Dieu son Père lui donne en Marie une mère. Mais il veut aussi que son divin fils ait un père en la personne de Joseph. L'élection de Joseph pour cette sublime mission est riche d'enseignements sur la paternité véritable. Etre père, ce n'est pas seulement transmettre la vie, être géniteur. Etre père, c'est aussi, et peut-être surtout, veiller sur un enfant, un jeune, tout faire pour qu'il soit heureux et qu'il reçoive la meilleure éducation possible. Etre père, c'est se donner par amour à un enfant, c'est être pour lui le visage même de l'amour et de la tendresse de Dieu Père et Créateur. Nous comprenons alors pourquoi certains pères adoptifs sont bien plus profondément pères que des pères ayant transmis la vie à des enfants pour ensuite les abandonner ou négliger leur éducation. Sans parler des pères qui sont incapables d'aimer leur progéniture ! Joseph est un merveilleux exemple de paternité humaine même s'il n'est que le père « adoptif » de Jésus. C'est par Joseph que l'enfant Jésus entre dans une histoire humaine, une généalogie, un terroir. Il naît à Bethléem, la cité du roi David, il est le Fils de David.

L'Evangile de ce dimanche nous rapporte la fuite de la sainte famille en Egypte et son retour au pays d'Israël ainsi que son installation à Nazareth. De ce récit je ne retiendrai que deux enseignements parmi tant d'autres.

Le premier concerne la famille en tant que réalité fragile et menacée. En ce sens là Hérode est de toutes les époques. La famille humaine est en quelque sorte le sanctuaire de la vie. L'histoire de notre humanité nous montre à quel point il nous est plus facile de détruire que de bâtir, et cela en raison bien sûr de notre nature pécheresse. Dans nos sociétés contemporaines Hérode peut prendre le visage de lois civiles qui ont de plus en plus tendance à fragiliser les familles. La vie, toute vie, est une réalité infiniment précieuse. Or nous savons à quel point une vie humaine peut être fragile, surtout la vie des bébés, des enfants et des jeunes. Blaise Pascal a exprimé d'une très belle manière cette fragilité de notre condition humaine dans ses *Pensées* : « *L'homme n'est qu'un roseau, le plus faible de la nature, mais c'est un roseau pensant. Il ne faut pas que l'univers entier s'arme pour l'écraser ; une vapeur, une goutte d'eau suffit pour le tuer* ». Joseph est présenté par saint Matthieu comme le protecteur de la vie de l'enfant Jésus. Etre père, c'est en effet se faire le défenseur de la vie humaine, de toute vie humaine.

Le second enseignement concerne l'exercice de la paternité. Saint Joseph apparaît dans cet Evangile comme une figure à la fois effacée et forte, humble et protectrice, comme je viens de le dire à l'instant. La force de saint Joseph vient de son obéissance sans failles à la parole de Dieu. L'évangéliste souligne cela dans sa manière de raconter le récit. Joseph est l'homme de foi par excellence. Il se laisse guider par le Seigneur. Il lui obéit immédiatement. La figure de Joseph est en contraste avec celle de son épouse Marie. Autant nous parlons très souvent de la mère de Jésus, autant nous avons tendance à laisser Joseph dans l'ombre. Or Joseph est loin d'être un père de « décoration », juste pour faire bien et pour rendre honorable la sainte famille. Il est aussi nécessaire que Marie dans l'accomplissement du dessein de Dieu. Cet Evangile nous redit pour aujourd'hui l'importance de la paternité. En Joseph nous pouvons contempler la vocation du père chrétien : être pour son enfant l'amour protecteur et bienveillant. Etre surtout le reflet de la paternité divine. Les pères, eux aussi, sont appelés à la sainteté dans l'exercice de leurs responsabilités. Pour bien répondre à cet appel, ils doivent être des hommes de prière et se laisser guider par l'Esprit du Seigneur.

Epiphanie du Seigneur
Matthieu 2, 1-12
2008

Permettez-moi de commencer l'homélie de cette solennité par une citation de la dernière encyclique de Benoît XVI consacrée à l'espérance[14] :
« Vers la fin du 3ème siècle, nous trouvons pour la première fois à Rome, sur le sarcophage d'un enfant, dans le contexte de la résurrection de Lazare, le Christ comme figure du vrai philosophe qui, dans une main, tient l'Evangile et, dans l'autre, le bâton de voyage du philosophe. Avec son bâton, il est vainqueur de la mort ; l'Evangile apporte la vérité que les philosophes itinérants avaient cherchée en vain. Dans cette image, qui est restée dans l'art des sarcophages durant une longue période, il est évident que les personnes cultivées comme les personnes simples reconnaissaient le Christ. » (n°6)
Comment ne pas voir la portée des propos du pape pour le mystère de la Nativité ? Les personnes simples, ce sont les bergers dans l'Evangile de Luc, tandis que les personnes cultivées correspondent bien à nos mages dans l'Evangile de Matthieu. C'est une banalité que de relever le caractère universel du mystère de l'Epiphanie. Dieu en son Fils vient visiter tous les hommes, Juifs et païens, personnes simples et personnes cultivées. L'obstacle à la reconnaissance du Christ enfant ne vient donc pas de la race, de la religion ou encore du niveau culturel. Il n'y a qu'un obstacle fondamental, c'est le manque d'humilité : l'orgueil. L'exemple des mages orientaux nous montre qu'on peut être une personne savante et cultivée sans tomber forcément dans le travers de l'orgueil. D'ailleurs le vrai scientifique se reconnaît habituellement à son humilité, car, comme l'a si bien dit Pascal, philosophe et scientifique lui-même, *« la dernière démarche de la raison est de reconnaître qu'il y a une infinité de choses qui la surpassent. Elle n'est que faible si elle ne va jusqu'à connaître cela. »*
La première lecture annonce la gloire de Jérusalem qui est en quelque sorte présentée comme le pôle d'attraction pour toutes les nations, le pivot du monde : « L'obscurité recouvre la terre, les ténèbres couvrent les peuples ; mais sur toi se lève le Seigneur, et sa gloire brille sur toi. » Il est très intéressant de voir comment le mystère de l'Epiphanie accomplit cette prophétie tout en la déplaçant vers un autre centre : Bethléem. Accomplissement, car c'est bien vers Jérusalem que les mages venus d'Orient se dirigent, guidés par le signe de l'étoile. Et c'est bien logique : ils cherchent le roi des Juifs qui vient de naître... C'est donc spontanément vers la capitale de l'ancien Royaume des Juifs qu'ils tournent leurs pas... En même temps, une autre prophétie, celle de Michée, va les conduire plus loin, jusqu'à Bethléem. Le Roi des Juifs est aussi le Berger d'Israël, et c'est dans la ville du roi David, berger au moment de son appel, qu'il choisit de naître. Le fils de Marie est aussi le fils de David.
Le roi Hérode ainsi que l'élite religieuse et culturelle d'Israël savait où devait naître le Messie, précisément à Bethléem. Mais cette connaissance reste théorique, livresque.

---

14 *Sauvés dans l'espérance*, 30 novembre 2007

Elle n'a, semble-t-il, aucun pouvoir sur les cœurs. Elle est incapable de mettre en marche ces hommes vers Bethléem. Ces Juifs de la capitale, de la cité sainte, ne feront pas le pèlerinage vers la cité de David avec les mages venus d'Orient. *Et c'est là que la prophétie d'Isaïe s'inverse carrément.* Les mages, représentants des peuples, sont dans la lumière, alors que les dirigeants de Jérusalem sont dans les ténèbres. Leur cœur est enténébré par l'orgueil de ceux qui savent tout mais ont bien du mal à agir en conséquence. En tant que catholiques nous ne sommes jamais à l'abri de cette tentation, de ce complexe de supériorité. Finalement le mystère de la Nativité n'a été perçu et reçu que par des parias, les bergers, et des étrangers, les mages orientaux. Les bons Juifs pratiquants de l'époque l'ont ignoré. Et Hérode a même voulu tuer l'enfant Messie. Nous comprenons pourquoi c'est bien à Jérusalem, et pas ailleurs, que le Christ livrera, des années plus tard, sa vie en sacrifice…

Nous avons, nous aussi, à choisir entre l'attitude d'Hérode et du tout Jérusalem avec lui, et celle des mages. D'un côté la maladie de l'orgueil ronge les cœurs et les plonge dans l'inquiétude, le trouble. De l'autre la plus grande des vertus, l'humilité, conduit les mages sur le chemin de l'adoration. Notre étoile à nous, celle qui nous dit que nous sommes sur la bonne route, pas celles des gloires humaines conduisant à Jérusalem, mais celle de la Vérité et de l'Amour conduisant à Bethléem, c'est la joie chrétienne. Si comme les mages nous éprouvons « une très grande joie » spirituelle dans notre vie chrétienne, c'est bien le signe que Dieu nous a sauvés par son Fils : c'est-à-dire qu'Il nous a délivrés de notre suffisance humaine pour nous donner de goûter à nouveau la joie d'être ses créatures, la joie d'être appelés à la divine filiation. Notre joie de fils de Dieu n'exclue pas les épreuves et les difficultés. Elle est force de l'Esprit pour aller de l'avant, dans l'espérance du salut pour nous et pour tous nos frères les hommes.

Le baptême du Seigneur
Matthieu 3, 13-17
2005

Avec la fête du Baptême du Seigneur nous parvenons au terme du temps liturgique de Noël. Pendant 30 ans Jésus a vécu avec Marie et Joseph à Nazareth. C'est ce que nous appelons la vie « cachée » du Seigneur. Il a voulu inaugurer son ministère public en se faisant baptiser par Jean dans les eaux du Jourdain. Pendant trois ans il a prêché le Royaume de Dieu par ses paroles et par ses actes. Et l'accomplissement de sa mission a été son sacrifice d'amour, sa mort rédemptrice. Jésus a vu dans cet accomplissement son « baptême », une plongée dans la mort pour nous donner sa vie en surabondance : *« Je dois passer par un baptême, et quelle angoisse tant que ce n'est pas fait ».*[15] Lorsque nous considérons le mystère du Christ nous devons toujours y rechercher une profonde unité. C'est cette unité du mystère qui éclaire les mystères particuliers et leur donne tout leur sens. Ainsi du baptême dans les eaux du Jourdain au baptême de la Croix sur le mont Golgotha c'est une même parole que Dieu nous adresse en son Fils Bien-Aimé : Il veut nous délivrer du péché et de la mort éternelle. Et cette délivrance en notre faveur Il l'accomplit par l'Incarnation de son Fils unique.

Dans l'Evangile de cette messe il nous faut tout d'abord considérer la réaction de Jean : *« C'est moi qui ai besoin de me faire baptiser par toi, et c'est toi qui viens à moi ! »* Jean le baptiste est plus que surpris par l'attitude de Jésus, il est choqué. Il ne peut même pas comprendre, d'où sa réticence à le baptiser. S'adressant aux foules venues à lui, il s'était présenté avec humilité comme très inférieur à Jésus : *« Moi je vous donne un baptême d'eau, en vue d'une conversion, mais derrière moi vient un autre plus fort que moi, et je ne mérite même pas de lui présenter ses sandales. Lui vous baptisera dans l'Esprit Saint et dans le feu ».*[16] Ce n'est pas un hasard si, juste avant le baptême de la Passion et de la mort, nous trouvons à l'autre bout de l'Evangile une situation semblable. Souvenez-vous de la réaction de Pierre au moment où Jésus s'apprête à lui laver les pieds : *« Seigneur, tu ne vas pas me laver les pieds ! »*[17] Jean ne veut pas baptiser Jésus tout comme Pierre refuse de se laisser laver les pieds par son Maître... Les deux baptêmes ont donc une signification commune. Jésus est bien le Messie, l'envoyé de Dieu mais sa manière de faire est totalement surprenante pour ses contemporains. Il vient sous la forme du Serviteur. Il montre un visage de Dieu inattendu : Un Dieu qui s'abaisse aux pieds de sa créature ! Du Jourdain à la Croix c'est bien un même mystère que nous célébrons : celui de l'abaissement de Dieu le Fils si magnifiquement décrit par saint Paul dans son hymne de la lettre aux Philippiens : *« Il s'est réduit à rien, jusqu'à prendre la condition de*

---

15   Luc 12, 50

16   Matthieu 3, 11

17   Jean 13, 6

serviteur. Et devenu homme entre les humains, il s'est mis au plus bas, il s'est fait obéissant jusqu'à la mort, et la mort en croix ».[18]

En se faisant baptiser par Jean, le Christ se présente non seulement comme le serviteur mais aussi comme le rédempteur, le sauveur. En vertu de son humanité il veut se rendre solidaire des hommes pécheurs. Car, ne l'oublions pas, le baptême de Jean est un baptême en vue de la conversion, un baptême de pénitence et de repentance. Le mystère du baptême au Jourdain révèle le sens de la venue du Christ et de sa mission : Il est l'Agneau de Dieu qui enlève le péché du monde. Dans sa deuxième lettre aux Corinthiens Saint Paul invite les chrétiens à se laisser réconcilier avec Dieu. Et pour les encourager il leur rappelle l'œuvre de Dieu en Jésus-Christ : *« Pour nous Dieu a identifié avec le péché celui qui ne connaissait pas le péché, afin que nous devenions en lui justice et sainteté de Dieu ».*[19] Et comment sommes-nous devenus justice et sainteté de Dieu en Jésus ? Précisément par le baptême et par la foi. Le baptême de Jésus est une manifestation du mystère de Dieu Père, Fils et Esprit Saint. Par le sacrement de baptême nous sommes plongés dans la vie divine, dans la vie de Dieu Trinité. Nous sommes libérés du péché pour mener la vie nouvelle des enfants de Dieu. En tant que baptisés c'est chaque jour que Dieu nous adresse la parole et nous dit : Tu es mon fils, ma fille bien-aimé, en toi j'ai mis tout mon amour ! Alors soyons dans l'action de grâces pour le grand don qui nous est fait du baptême et de la foi. Manifestons au Père notre gratitude par nos paroles et nos actes. Offrons-Lui nos personnes et nos vies par Jésus, le Christ, notre Seigneur.

---

18   Philippiens 2, 7.8

19   2 Corinthiens 5, 21

2ème dimanche du temps ordinaire
Jean 1, 29-34
2005

Entre le bref temps de Noël et le début du Carême, l'Eglise nous invite à vivre notre foi au rythme du temps ordinaire. Et l'année liturgique A nous introduit à ce temps ordinaire par un passage du premier chapitre de l'Evangile selon saint Jean. Entre l'Evangile de ce dimanche et l'Evangile de la fête du Baptême du Seigneur il y a bien sûr une continuité : nous retrouvons saint Jean Baptiste.

Jean, le précurseur, le plus grand des enfants des hommes, confesse ici son ignorance à deux reprises : *« Je ne le connaissais pas »*. C'est dire toute la nouveauté du mystère de Jésus dans le paysage religieux du peuple d'Israël. Si Jean peut témoigner en vérité à propos de l'identité de Jésus, ce n'est pas en raison de son inspiration personnelle. C'est parce qu'il est ouvert à l'inspiration qui vient d'en haut, c'est parce qu'il est disponible à la parole de Dieu, comme tous les prophètes de l'Ancien Testament : *« Celui qui m'a envoyé baptiser dans l'eau m'a dit... »*. C'est bien le Père qui révèle à Jean l'identité de Jésus. Dans ce contexte il n'est pas inutile de se remémorer les paroles de Jésus en saint Matthieu : *« Tout m'a été remis par mon Père et personne ne connaît vraiment le Fils, si ce n'est le Père ; et personne ne connaît vraiment le Père, si ce n'est le Fils et celui à qui le Fils veut le révéler »*.[20] Nous avons là un mouvement essentiel pour comprendre les Evangiles : un mouvement de révélation, de manifestation réciproque entre le Père et le Fils. Au commencement de la vie publique de Jésus c'est le Père qui révèle son Fils à Jean et par Jean à tout le peuple : *« Si je suis venu baptiser dans l'eau, c'est pour qu'il soit manifesté au peuple d'Israël »*. Pendant les trois années de sa vie publique le Christ révélera à tous le vrai visage de Dieu : Dieu est Père et il n'a qu'un désir, c'est que nous soyons ses fils en Jésus.

Jean peut donc donner son témoignage à propos de cet homme nommé Jésus et qui vient lui demander le baptême sur les rives du Jourdain. Et ce témoignage se résume en trois points :

« Avant moi il était ». Nous rejoignons à travers cette brève formule tout le développement du prologue de saint Jean concernant la Parole éternelle de Dieu : *« Au commencement était le Verbe, et le Verbe était auprès de Dieu, et le Verbe était Dieu »*.

« Voici l'Agneau de Dieu, qui enlève le péché du monde ». Cette parole du Précurseur est d'une richesse inouïe, en lien bien sûr avec l'Agneau de la Pâque chez les Hébreux. Le Messie, dès le moment de sa manifestation, est destiné au sacrifice suprême, celui de sa propre vie sur le bois de la Croix. Ce sacrifice a un sens bien précis : il nous obtiendra la libération de l'esclavage du péché.

Enfin *« c'est lui le Fils de Dieu »*. Ce Jésus, manifesté pour la première fois au moment de son baptême par Jean, est le Fils unique, le Fils Bien-Aimé du Dieu très haut.

---

20 Matthieu 11, 27

Le témoignage de Jean nous enseigne d'une manière merveilleuse l'essentiel de l'identité profonde de Jésus. A la question : « Mais qui est donc cet homme ? », il répond : « C'est le Fils de Dieu, la Parole de Dieu, le Sauveur ». Ce témoignage n'a de valeur que dans la mesure où il est l'écho fidèle d'une révélation du Père.

Pour accueillir pleinement ce témoignage de Jean nous avons besoin d'une grande docilité aux inspirations du Saint Esprit. Cela nous rappelle que notre foi chrétienne, notre foi en Jésus-Christ est un acte surnaturel. C'est ce que la théologie veut dire en parlant de la foi comme d'une vertu théologale. La connaissance de Jésus dépasse l'humain. Elle implique toujours un don de Dieu, une grâce de Dieu. C'est au jour de notre baptême que nous avons reçu en germe le don de la foi. Avant même le sacrement de baptême, certains enfants, jeunes et adultes découvrent Jésus comme Seigneur et Sauveur de leur personne et de leur vie. C'est encore par une grâce du Saint Esprit qu'ils peuvent faire cette découverte.

Croire en Jésus Seigneur et Sauveur, c'est un acte, nous le savons bien, qui a des conséquences dans notre vie. Car l'identité du Christ nous révèle l'identité du chrétien. Nous avons à devenir toujours davantage des fils de Dieu selon la grâce de notre baptême. Découvrir le visage de Dieu, Père aimant et miséricordieux, c'est l'œuvre de toute une vie. Enfin nous ne pouvons pas être les disciples de l'Agneau de Dieu, si nous refusons de porter notre Croix jour après jour. Nous n'avons pas à rechercher la souffrance et les épreuves. Nous savons tout simplement que c'est sur la Croix que le Christ a obtenu notre libération du péché. Alors nous avons à approfondir, avec la lumière de l'Esprit Saint, le sens de nos épreuves, qu'elles soient grandes ou petites. En nous redisant sans cesse la parole du Maître et Ami : « *Prenez sur vous mon joug et apprenez de moi que je suis doux et humble de cœur, et vous trouverez le repos pour vos âmes. Car mon joug est aisé et ma charge légère* ».[21]

---

21   Matthieu 11, 29.30

3ème dimanche du temps ordinaire
Matthieu 4, 12-23
Semaine de prière pour l'unité des chrétiens
2005

Au début du temps ordinaire, la liturgie nous invite à revivre le commencement de la prédication du Christ. Matthieu insiste sur le lien qui unit le Messie à Jean le Précurseur. De fait le Christ voit dans l'arrestation de Jean un signe pour commencer son ministère public. Jean lui-même n'avait-il pas affirmé : *« Lui doit grandir, et je dois diminuer »*[22] ? Et ce ministère public est placé sous le signe d'un déplacement géographique significatif. Jésus quitte Nazareth et va vers le nord pour habiter à Capharnaüm, au bord du lac. Matthieu y discerne l'accomplissement d'une prophétie d'Isaïe dans laquelle le nord de la Galilée recevait le nom de « carrefour des païens ». Bref le Christ place le commencement de sa vie publique sous le signe d'une ouverture à l'universel. Il vient non seulement pour sauver son peuple, mais aussi pour être le Sauveur des païens. La toute première prédication du Seigneur reprend presque mot pour mot la prédication de Jean : *« Convertissez-vous, car le Royaume des cieux est tout proche »*.

En cette semaine de prière pour l'unité des chrétiens, cet appel du Seigneur à la conversion prend une résonance tout à fait particulière. Nous le savons bien, la division des chrétiens est un scandale, un contre-témoignage. Elle est surtout le signe d'une infidélité à l'Esprit de Dieu. N'oublions pas que celui qui se plaît à diviser, c'est bien le diable. On peut certes expliquer cette division des chrétiens par des circonstances historiques bien connues de tous. Mais plus profondément, elle est toujours le résultat d'un manque de conversion des cœurs. Elle est le signe d'un endurcissement des cœurs. Les déchirures successives qu'a connues l'unique Eglise de Dieu sont certes inscrites dans un processus historique. Il n'empêche qu'elles révèlent une maladie de notre cœur : l'orgueil. Chaque fois qu'il y a eu un manque de dialogue, d'estime et de compréhension entre disciples du Christ, c'est que l'orgueil était présent. Un orgueil bien sûr mal placé... Chacun cherchant à avoir raison à tout prix, chacun cherchant à défendre ses prérogatives et ses privilèges ! Chacun accusant son frère de tous les maux dont souffre l'Eglise. Nous avons en effet tendance à oublier la recommandation de l'Apôtre Paul : *« Celui qui se sent fier, qu'il soit fier du Seigneur ! »*[23] Si nous nous souvenons que le péché originel est justement un péché d'orgueil, alors nous comprenons mieux le pourquoi et le comment de la division des chrétiens au cours de l'histoire. Quelle a été la conséquence principale du péché d'Adam et Eve, si ce n'est la division, la brouille, la perte de confiance... Ce péché a séparé la créature de son Créateur, l'homme de la femme, les hommes du reste de la création. Il est bien l'œuvre du diable trompant notre liberté humaine.

---

[22] Jean 3, 30

[23] 1 Corinthiens 1, 31

Le concile Vatican II a promu l'œcuménisme au rang des préoccupations essentielles de l'Eglise de notre temps, et Jean-Paul II ne cesse de se faire le porte-parole infatigable du dialogue œcuménique. 41 ans après le décret sur l'œcuménisme on peut avoir l'impression que la situation n'a guère évolué. On oublie qu'il est passé le temps où les chrétiens de différentes confessions ne se fréquentaient pas et se considéraient comme des ennemis. C'est déjà un grand progrès que de pouvoir entretenir des relations fraternelles et de pouvoir prier ensemble. Il reste bien évidemment des zones d'ombres, particulièrement dans les relations entre l'Eglise orthodoxe et l'Eglise catholique. Qu'il nous suffise de penser ici à la situation de la Russie et de la Grèce.

La deuxième lecture de cette liturgie[24] peut nous fournir une indication précieuse et concrète quant à la conversion de notre cœur. Si nous voulons vraiment œuvrer en faveur de l'unité des chrétiens, nous pouvons nous poser la question suivante : qu'en est-il de la communion entre catholiques, tant au niveau de l'Eglise universelle, de notre pays que de notre propre communauté paroissiale ? On a parfois l'impression de revivre dans notre Eglise la situation décrite par saint Paul. On se réclame facilement de telle ou telle tendance, de telle sensibilité, en excluant parfois les autres. On oublie vite que l'essentiel c'est d'être catholique, c'est d'être un membre vivant du Corps du Christ, et que tout le reste n'est finalement que très secondaire. Tant que nous n'arriverons pas à vivre la charité fraternelle entre nous dans l'attachement à l'essentiel, c'est-à-dire au Christ et à l'Evangile, il sera vain de vouloir l'unité avec les autres confessions chrétiennes. Cela signifie que la cause de l'unité des chrétiens_devrait nous interpeller sur notre manière de vivre la communion. C'est dans la mesure où nous serons de plus en plus en communion entre nous et avec le Christ, que nous pourrons travailler, avec la grâce de Dieu, à la communion entre chrétiens de différentes confessions. Pour ce faire nous n'avons pas d'autre moyen que celui donné par saint Paul : « *Et puis, par-dessus tout, la charité, en laquelle se noue la perfection* ».[25]

---

24 Première lettre aux Corinthiens, 1, 10-13.17

25 Colossiens 3,14

4ème dimanche du temps ordinaire
Matthieu 5, 1-12
2005

C'est toujours un exercice redoutable pour un prédicateur que de devoir prêcher sur les Béatitudes. Instinctivement, nous percevons que cet enseignement du Seigneur est en quelque sorte le sommet et le résumé de tout l'Evangile. En même temps, nous nous sentons d'emblée très petits par rapport aux Béatitudes : s'il est déjà difficile de bien saisir la signification profonde de cet enseignement, il est encore plus difficile de le vivre et de le mettre en pratique. Matthieu place les Béatitudes au début de son Evangile. Pour l'évangéliste il s'agit bien ici de l'enseignement inaugural de Jésus. Et cet enseignement commence par un mot qui ne laisse personne indifférent : « Heureux ». L'Evangile, nous le savons, c'est la Bonne Nouvelle. Il est donc logique que cette Bonne Nouvelle commence par nous parler de bonheur !

« *Beaucoup demandent : 'Qui nous fera voir le bonheur ?' Sur nous, Seigneur, que s'illumine ton visage !* ».[26] Chacun de nous pourrait aisément se retrouver dans cette interrogation du psaume 4. Le psalmiste y répond par une prière : « *Sur nous, Seigneur, que s'illumine ton visage !* » Comme pour dire que seule la communion avec Dieu est capable d'assouvir notre soif de bonheur. Blaise Pascal aborde dans ses *Pensées* cette question essentielle du bonheur de l'homme. Il part de l'aspiration universelle au bonheur : « *Tous les hommes recherchent d'être heureux. Cela est sans exception, quelques différents moyens qu'ils y emploient. Ils tendent tous à ce but* ». Ensuite Pascal constate l'échec de l'homme dans sa quête de bonheur : « *Et cependant depuis un si grand nombre d'années jamais personne, sans la foi, n'est arrivé à ce point où tous visent continuellement. Tous se plaignent* ». Reprenant le meilleur de saint Augustin, Pascal voit dans l'impuissance de l'homme à atteindre son propre bonheur un signe : « *Il y a eu autrefois dans l'homme un véritable bonheur, dont il ne lui reste maintenant que la marque et la trace toute vide et qu'il essaye inutilement de remplir de tout ce qui l'environne, recherchant des choses absentes le secours qu'il n'obtient pas des présentes, mais qui en sont toutes incapables parce que ce gouffre infini ne peut être rempli que par un objet infini et immuable, c'est-à-dire que par Dieu même* ». Pascal cite ensuite les fausses satisfactions avec lesquelles l'homme s'illusionne lui-même et croit trouver son bonheur : « *Les uns le cherchent dans l'autorité, les autres dans les curiosités et dans les sciences, les autres dans les voluptés* ». Le pouvoir, le savoir et le plaisir, voilà quelles sont les béquilles que l'homme handicapé et malade recherche pour fuir l'ennui de sa condition.

Jésus, en nous faisant le don des Béatitudes, nous remet face à la vérité de notre condition humaine : il nous indique le chemin de notre bonheur véritable. Je ne vais pas me lancer maintenant dans un commentaire des Béatitudes. Simplement il est très utile de relier l'enseignement des Béatitudes à la toute première prédication du Seigneur, entendue dimanche dernier : « *Convertissez-vous, car le Règne de Dieu est*

---

26   Psaume 4, 7

là ».[27] Comprenons bien que les Béatitudes font dépendre notre bonheur de notre conversion. Elles sont en fait huit chemins de conversion du cœur, de retournement intérieur et spirituel. Si bien que l'on pourrait traduire le contenu des Béatitudes de la manière suivante : « Heureux ceux qui se convertissent ! Ils feront l'expérience du Royaume des cieux ! ». Pascal avait bien compris que sans la foi en Jésus le bonheur demeurait inaccessible. Il avait admirablement montré que la source du bonheur c'est Dieu : *« Le bonheur n'est ni hors de nous, ni dans nous ; il est en Dieu et hors et dans nous ».* En effet, si nous avons commencé à trouver en Dieu notre bonheur, alors nous pouvons ensuite le trouver aussi dans les choses extérieures et en nous-mêmes, et cela sans risque de nous illusionner, car l'amour de Dieu transfigure et purifie toutes choses. Depuis la venue de Jésus, nous savons que le Royaume de Dieu est au milieu de nous.[28] C'est-à-dire que le bonheur est à notre portée, le bonheur est au-dedans de nous, dans la mesure où nous nous ouvrons à l'amour de Dieu et à sa grâce.

---

27   4,17

28   Luc 17, 21

5ème dimanche du temps ordinaire
Matthieu 5, 13-16
Journées chrétiennes de la communication
2005

En cette Journée Chrétienne de la Communication, il n'est pas inutile de rappeler brièvement un paradoxe. D'un côté nous n'avons jamais disposé d'autant de moyens de communication, et cela grâce aux progrès techniques de ces dernières années. La télévision et la radio appartiennent déjà à l'antiquité. Le développement de la téléphonie mobile, des SMS ou textos, des e-mails ou courriels nous fait entrer depuis quelques années déjà dans une nouvelle ère de la communication. Pourtant force est de constater que nous avons bien du mal à communiquer entre nous et que le manque de dialogue est souvent une maladie de notre époque, en commençant par les couples et les familles. Cela démontre que la communication n'est pas seulement une affaire de moyens techniques. La communication est d'abord une affaire humaine : c'est avec le cœur que nous communiquons le mieux. Et sans volonté de communiquer, sans attention aux messages que nous recevons, les moyens techniques se révèlent rapidement impuissants, voire inutiles.

L'Eglise nous invite en ce dimanche à considérer la manière chrétienne de communiquer. C'est ici que nous avons à nous souvenir que le premier, le grand communicant c'est Dieu lui-même. Le catéchisme appelle cette communication divine « révélation ». Paul VI avait traduit cela par une très belle expression, celle de « dialogue du salut ». Pour Dieu, communiquer avec ses créatures humaines, c'est entrer en dialogue avec elles, c'est se révéler et nous inviter ainsi à l'adoration et à la prière dans le dynamisme de la foi. Avec le mystère de l'Incarnation nous atteignons le sommet de cette divine communication. En effet c'est le Verbe éternel de Dieu, la Parole de Dieu qui assume notre humanité. Ce faisant, le Fils de Dieu va employer notre langage d'homme pour nous révéler l'amour du Père et les chemins du bonheur. Ce sont les Béatitudes que nous avons méditées dimanche dernier. Le Fils de Dieu va aussi instituer les sacrements pour que cette divine communication se poursuive tout au long des siècles dans son Eglise et cela jusqu'à son retour dans la gloire. Les sacrements ne sont-ils pas communication de vie divine ? Si Dieu est le communicant originaire c'est parce qu'il est en lui-même mystère de communion : Dieu Trinité. La communication divine n'a pas d'autre fin que la communion. Jésus, Parole de Dieu faite chair, est venu pour rassembler les enfants de Dieu dispersés.

Notre Eglise diocésaine, notre secteur interparoissial disposent de moyens de communications variés, ce que l'on nomme habituellement les media : sites Internet, Contacts, Echo d'Orange, Radio Lumières, affichage dans les lieux de culte etc. La communication chrétienne est de nature missionnaire, évangélisatrice. Selon une belle expression de Paul VI, elle doit « *insérer le message chrétien dans la circulation de pensée, d'expression, de culture, d'usages, de tendances de l'humanité telle qu'elle vit et s'agite aujourd'hui sur la face de la terre* »[29]. La communication

---

29   Ecclesiam Suam, p.65.

chrétienne est à l'image de la communication divine, elle est dialogue. Toujours selon Paul VI, « *l'Eglise doit entrer en dialogue avec le monde dans lequel elle vit. L'Eglise se fait parole ; l'Eglise se fait message ; l'Eglise se fait conversation* »[30]. Il résulte de tout cela que les media chrétiens ne sauraient se limiter à un usage interne. Ils s'adressent à tous les hommes de bonne volonté : « *Que votre lumière brille devant les hommes* ». La Journée Chrétienne de la Communication n'est pas seulement l'occasion d'une réflexion sur les media chrétiens. Elle nous interroge tout autant sur la présence des chrétiens dans les media en général. C'est bien à travers les chrétiens engagés sur ce terrain des media que l'Eglise peut se faire « conversation » et que le dialogue du salut peut se vivre, même si c'est parfois dans des conditions difficiles.

Pour conclure je laisserai la parole à Mgr. Di Falco qui souligne l'aspect missionnaire de toute communication véritablement chrétienne. Dans son dernier livre, *Je crois, moi non plus*, il nous donne un bel exemple de dialogue avec un écrivain qui ne partage pas sa foi, Frédéric Beigbeder.

« *L'Eglise nous encourage à être des messagers audacieux de l'espérance chrétienne. A l'exemple du Christ, elle nous invite à ne pas craindre d'aller là où on ne nous attend pas, à rencontrer des milieux qu'a priori nous croyons indifférents, parfois même hostiles. C'est la vocation de l'Eglise qui est signe de communion avec tous les hommes, mais c'est aussi celle de chacun de nous en particulier. Chaque chrétien est le premier media de Dieu !* »

---

[30] Ibidem, p.63

6ème dimanche du temps ordinaire
Matthieu 5, 17-37
1996

En ce dimanche la liturgie de la Parole nous invite à méditer sur les thèmes suivants : la sagesse de Dieu et la justice des hommes. Ces deux thèmes sont étroitement liés entre eux. Il nous faudra essayer de saisir les implications concrètes de notre méditation de la Parole de Dieu pour notre vie.
« La sagesse du Seigneur est grande, il est tout-puissant et il voit tout ». Lorsque Ben Sirac applique à Dieu le terme de sagesse c'est pour nous parler de l'être intime de Dieu ainsi que de ses actions pour les hommes, c'est-à-dire de sa providence. Dans le Seigneur la Sagesse est comme une puissance et une connaissance infiniment parfaites. La sagesse du Seigneur s'exprime également à travers sa volonté : « Il n'a commandé à personne d'être impie, il n'a permis à personne de pécher ». Cependant c'est uniquement à partir de la venue du Fils de Dieu parmi nous que nous pouvons comprendre un peu mieux ce qu'est cette mystérieuse sagesse divine. Saint Paul en est le témoin dans la deuxième lecture. Il proclame la sagesse du mystère de Dieu, « sagesse tenue cachée, prévue par lui dès avant les siècles, pour nous donner la gloire ». La révélation de la sagesse divine dans notre histoire humaine est donc progressive. Et c'est en Jésus-Christ qu'elle nous est définitivement révélée. Jésus-Christ est lui-même, en sa personne divine ayant assumée notre nature humaine, cette sagesse éternelle. Il est le Verbe incarné, la Parole de Dieu devenue Parole d'homme. Il est la Sagesse de Dieu. Et c'est bien Jésus-Christ qui, en nous sauvant du pouvoir de Satan et du péché, nous communique la gloire divine. Prenons conscience de ce que notre sagesse de chrétiens se trouve uniquement dans le fait que nous sommes les fils adoptifs de Dieu en Jésus-Christ et que nous pouvons nommer Dieu « Notre Père ». D'ailleurs saint Paul nous met en garde : entre la sagesse du mystère de Dieu et la sagesse de ceux qui dominent le monde, il y a un abîme. La sagesse au sens courant du terme consiste à être prudent, à bien calculer les chances et les risques, à être mesuré et à fuir les excès de toutes sortes. Or la sagesse de Dieu que nous révèle Jésus-Christ est bien différente : Lui, Il nous a aimé jusqu'au bout, c'est-à-dire avec excès ; il n'a jamais reculé devant sa mission : rendre témoignage à la vérité et à l'amour, pour paraître sage aux yeux de ses contemporains ou encore pour se sauver de l'issue fatale de la croix. Dans notre vie nous ne pouvons qu'imiter la sagesse de Jésus-Christ. C'est ce qu'a fait saint Paul tout au long de son ministère. Tous les choix de vie de l'apôtre ont été déterminés par leur accord avec la sagesse de Dieu. En témoignent ces quelques mots qu'il écrivait aux Galates : « Est-ce la faveur des hommes ou celle de Dieu que je veux gagner ? Est-ce que je cherche à plaire à des hommes ? Si je voulais encore plaire à des hommes, je ne serais plus serviteur du Christ ». Traduisons pour nous aujourd'hui : entre la sagesse de Dieu et la sagesse des puissants de ce monde il nous faut choisir. Une autre caractéristique de la sagesse divine c'est qu'elle est une révélation de l'Esprit. L'Evangile n'est pas le fait de l'imagination de l'homme ou du raisonnement des philosophes. Un Dieu qui se fait

petit bébé, un Dieu qui meurt sur une croix : voilà bien ce que le cœur de l'homme ne pouvait pas imaginer. Voilà bien la suprême sagesse du christianisme.
Dans l'Evangile Jésus par son enseignement proclame cette sagesse de Dieu. La sagesse ne peut se contredire elle-même. C'est pour cela que Jésus ne vient pas pour abolir la loi de Moïse mais pour l'accomplir. Jésus vient offrir à l'homme sauvé une justice du « surpassement », une sagesse qui conduit à imiter dans notre vie la perfection même de Dieu : « Vous donc, vous serez parfaits comme votre Père céleste est parfait ». Le but de notre vie sur terre c'est bien d'entrer dans le Royaume de Dieu, en accomplissant ainsi notre vocation humaine et spirituelle. Pour ce faire Jésus nous propose de vivre la justice des fils de Dieu d'une manière profonde et radicale, excessive de par l'amour de Dieu et du prochain qu'elle implique. Dans sa sagesse Dieu nous donne de vivre de cette justice. Il nous fait le don aussi de la liberté pour que notre oui soit vraiment un oui, et notre non vraiment un non. A nous de choisir la vie que Dieu nous offre en Jésus-Christ.
Vivre en sages aux yeux de Dieu c'est vouloir imiter Jésus-Christ et les saints de tous les temps. Vivre en sages c'est accepter dans nos vies la béatitude de la justice en sachant, dans la foi, qu'elle nous ouvre les portes du Royaume des cieux :
« Heureux les persécutés pour la justice, car le Royaume des cieux est à eux ».

7ème dimanche du temps ordinaire
Matthieu 5, 38-48
2011

Nous continuons en ce dimanche notre méditation du sermon sur la montagne en saint Matthieu. Et nous parvenons véritablement au sommet de cet enseignement par lequel Jésus mène la loi de Moïse à sa perfection. La fin de notre Evangile nous dit bien à quel point nous avons ici un enseignement divin, la substance même du message évangélique : « Vous donc, soyez parfaits comme votre Père céleste est parfait ». Jamais Jésus n'aura poussé aussi loin les exigences de l'amour que dans cet Evangile. Et il le fait à propos de deux réalités : le refus de la vengeance et l'amour des ennemis. La perfection chrétienne consistant justement à l'écouter et à le suivre dans ces domaines de notre vie. Accueillons-donc cette Parole de Dieu, essayons de la comprendre, et surtout ne voyons pas en elle une utopie réservée à quelques idéalistes vivant sur une autre planète que la nôtre... Penser cela reviendrait à dire que la sainteté c'est pour les autres, et que Jésus nous demanderait ici des attitudes irréalisables dans le concret de nos existences humaines.

Le Seigneur part d'un verset de l'Ancien Testament devenu depuis un dicton de notre langue française : « Œil pour œil, dent pour dent ». Ce précepte de la Loi de Moïse, malgré toute son imperfection, était en fait un progrès si nous le remettons dans le contexte de la révélation biblique. Souvenez-vous des pages qui suivent, dans le livre de la Genèse, le récit de la chute originelle et qui aboutissent au déluge. Ces pages nous montrent comment le mal n'a cessé d'étendre son emprise dans le coeur des hommes. Et parmi les descendants de Caïn, le premier meurtrier, il y a un certain Lamek, le premier polygame. Au chapitre 4 nous trouvons le terrible discours que cet homme adresse à ses deux femmes : « J'ai tué un homme pour une blessure, un garcon pour une égratignure. Car si Caïn est vengé 7 fois, Lamek le sera 77 fois ». Et c'est en écho à cette apologie de la vengeance et de la violence que le Seigneur dira à Pierre qu'il faut pardonner jusqu'à 77 fois 7 fois, c'est-à-dire sans aucune limite. Remise dans ce contexte la loi du talion essaie de limiter la vengeance à ce qui semble juste. Elle ne supprime pas la violence mais se contente de la modérer. Elle est à la base de ce que nous connaissons sous le nom de légitime défense. Le dépassement de cette loi par Jésus va justement remettre en cause le principe de la légitime défense des personnes et c'est ce qui nous choque le plus, tellement ce principe nous semble juste du point de vue moral. « Je vous dis de ne pas riposter au méchant ». Robert Pirault donne une interprétation intéressante de ce commandement qui interdit la vengeance : « Ne résistez pas au mal en imitant le méchant ». Et c'est bien ainsi que saint Paul a compris cette parole du Seigneur. Dans sa lettre aux Romains il enseigne au chrétien : « Tu ne te laisseras pas vaincre par le mal, mais tu vaincras le mal par le bien ». Jésus ne nous demande pas d'être indifférents au mal ou encore d'aimer souffrir. Il nous interdit d'utiliser la violence (qui est un mal) pour éliminer le mal. Se venger implique que nous prenions les mêmes armes que celui qui nous a fait du mal, et nous entrons ainsi dans une spirale de violence sans fin. C'est ce cercle vicieux de la violence entre l'agresseur et l'agressé que Jésus veut rompre parmi ses disciples et à travers eux dans l'humanité nouvelle. Alors nous comprenons mieux la portée de ce qui suit : « Si quelqu'un te gifle sur la joue droite, tends-lui encore l'autre ». Marie Balmary a fait un commentaire éclairant de ce passage : « Le masochisme c'est présenter la même joue à celui qui frappe, pour qu'il recommence. Alors que Jésus nous demande de présenter une autre joue à celui qui frappe pour qu'il s'éveille ». Le violent est enfermé dans une tactique de la violence, et le fait de ne pas trouver de réponse violente en face de lui peut le déstabiliser, et ainsi éveiller sa conscience endormie par les mauvaises habitudes. En reprenant saint Thomas d'Aquin, Jacques Maritain fait remarquer qu'il existe deux sortes de courages : le courage à attaquer et le courage à supporter, auxquels correspondent deux sortes de forces, la force qui frappe et la force qui supporte. Pour Maritain « la croix est le signe transcendant des moyens qui relèvent de la force qui supporte, ou du courage à souffrir ». « Ne pas résister au mal en imitant le méchant » n'est donc pas chez le chrétien le signe d'une faiblesse mais au contraire d'une force supérieure qui a son origine en Dieu. Jésus lui-même n'a pas appliqué à la lettre son enseignement sur « tendre l'autre joue » mais il nous en a montré l'esprit lors de son procès. Au soldat qui vient de le frapper il ne tend pas l'autre joue, il se contente de l'interroger : « Si j'ai mal parlé, montre où est le mal ; mais si j'ai bien parlé, pourquoi me frappes-tu ? » La non-violence de Jésus ne signifie pas qu'il accepte l'injustice, bien au contraire.

« Aimez vos ennemis, et priez pour ceux qui vous persécutent, afin d'être vraiment les fils de votre Père qui est dans les cieux ; car il fait lever son soleil sur les méchants et sur les bons, et tomber la pluie sur les justes et sur les injustes ». J'espère que nous avons la grâce de ne pas avoir d'ennemis. Mais si cela devait nous arriver nous voilà prévenus sur la bonne attitude à adopter. Jésus motive l'amour des ennemis en nous demandant de regarder le Père et son action en faveur des hommes. Simone Weil, la philosophe juive, évoque « la perfection du Père dont le soleil et la pluie sont aveugles au crime et à la vertu ». L'attitude que le Seigneur attend ici de nous est surnaturelle. Elle fait violence à notre nature humaine marquée par le péché. Le chrétien c'est celui qui, à la suite de Jésus et en communion avec lui, imite le Père et veut lui ressembler en toutes choses, le chrétien est le fils de Dieu. La mention d'une récompense pose cependant problème et elle demande à être bien comprise. Le motif de l'amour des ennemis se trouve dans l'attitude même de Dieu qui est Père pour tous. Dieu, c'est évident, n'agit pas par crainte d'une punition ou en vue d'une récompense. Il agit selon son être profond, selon sa bonté, sa miséricorde, sa justice et sa sainteté. Avoir une intention pure, c'est agir à la manière de Dieu. Si nous avons cette grâce de pardonner à nos ennemis, de prier pour eux et de les aimer, nous ne le faisons pas pour une récompense ou un salaire. Si nous avons une relation commerciale avec Dieu, du type donnant-donnant, alors notre intention est impure. Alors de quelle récompense s'agit-il ici ? C'est la récompense du chrétien : elle consiste dans la joie de faire le bien, dans le bien lui-même que nous recherchons, et dans la communion plus profonde avec Dieu que nous pouvons alors vivre. Notre récompense c'est le bien lui-même qui nous rend de plus en plus semblables à Dieu notre Père. C'est à saint Jean Bosco que je laisserai le mot de la fin : « J'ai reconnu qu'il n'y avait rien de meilleur que d'être joyeux et de faire du bien dans sa vie ».

8ème dimanche du temps ordinaire
Matthieu 6, 24-34
2011

Dans notre lecture du sermon sur la montagne la liturgie nous fait sauter tout un passage consacré à l'aumône, à la prière et au jeûne pour parvenir à l'enseignement de ce dimanche. Dans cet enseignement le Seigneur Jésus aborde principalement deux thèmes qu'il lie l'un à l'autre : le dieu Argent et l'abandon à la Providence de Dieu.

« *Vous ne pouvez pas servir à la fois Dieu et l'Argent* ». La traduction liturgique écrit le mot « argent » avec un grand A pour essayer de traduire le terme araméen Mammon. La Bible des peuples propose une traduction qui a le mérite d'être claire : le dieu Argent. Car c'est bien de cela qu'il s'agit dans notre passage de l'Evangile selon saint Matthieu. Ici le concurrent de Dieu, son rival, ce n'est pas Satan, mais bien le dieu Argent. Et cette idole règne à deux niveaux. Au niveau mondial et dans les vies des personnes. Au niveau mondial cela est évident. Cela fait longtemps en effet que les intérêts et les profits économiques ainsi que le monde de la finance mènent le jeu face à un monde politique affaibli ou dépourvu de volonté. Dans ces conditions la morale est jetée au placard. Le culte du dieu Argent exclue toute réflexion morale. Et pourtant une vision humaine de l'économie va de pair avec les exigences morales comme le rappelle ce passage de la doctrine sociale de l'Eglise : « *Le rapport entre morale et économie est nécessaire et intrinsèque. La dimension morale de l'économie permet de saisir comme des finalités inséparables, et non pas séparées ou alternatives, l'efficacité économique et la promotion d'un développement solidaire de l'humanité* ». L'avertissement du Seigneur concerne aussi notre vie personnelle. Si nous nous laissons dominer par le dieu Argent, nous en devenons les esclaves et nous perdons du même coup notre liberté d'enfants de Dieu.

La suite de notre Evangile nous pose davantage de questions : « *Ne vous faites pas tant de souci pour votre vie, au sujet de la nourriture, ni pour votre corps, au sujet des vêtements* ». Nous comprenons bien la fine pointe de cet enseignement : Jésus veut que nous vivions vraiment en fils de Dieu, c'est-à-dire que nous lui fassions confiance et que nous lui remettions toute notre vie, toute notre personne. Jésus veut que nous ayons foi en la Providence de Dieu notre Père pour nous. Comme argument il nous fait contempler la nature. Et plus profondément il affirme que la vie vaut plus que la nourriture et le corps plus que le vêtement. Bref la valeur suprême ici-bas c'est l'homme lui-même, au-dessus de tous les biens matériels, au-dessus des objets et bien sûr de l'argent qui peut nous rendre esclaves. L'homme seul est en effet à l'image de Dieu, et c'est ce qui lui confère une dignité particulière. Nous pouvons recevoir cet enseignement du Christ sans problèmes si nous avons de quoi vivre, si justement le lendemain ne nous cause pas de soucis. Mais comment faire entendre cette parole à nos frères qui de par le monde vivent dans la misère, ou encore à ces 6 millions de français qui doivent se contenter d'un salaire de 750 euros pour vivre ? On pourrait avoir l'impression en écoutant cet Evangile que Jésus nous pousse à l'insouciance et à l'irresponsabilité, comme si tout allait tomber du Ciel comme à l'époque de la manne et des cailles dans le désert... Certes l'histoire des saints, comme celle de saint Jean Bosco par exemple, nous montre comment la Providence divine a répondu à des situations d'extrême détresse. Mais, avouons-le, cela ne semble pas être la voie ordinaire, et la manne et les cailles ont cessé de tomber du Ciel lorsque le peuple est arrivé en Palestine. Un prêtre suisse, Maurice Zundel, grand spirituel mort en 1975, a beaucoup réfléchi au rapport entre misère et liberté spirituelle. Je me permets de le citer un peu longuement : « *La faim chez l'homme ne met pas seulement en péril son existence physique, elle l'oblige à s'y réduire. Il n'est plus qu'un organisme aux abois, un animal traqué par ses besoins. Il est, dès lors, incapable de créer la valeur, intérieure à soi, en raison de laquelle on lui reconnaît une dignité. Il est pratiquement frustré, empêché de faire de soi un bien commun, un bien universel et infini à l'éclosion duquel tous sont intéressés. Il est proprement aliéné à soi, dans cette impossibilité concrète d'atteindre à son humanité, de se promouvoir –comme eût dit Flaubert- de quelque chose à quelqu'un, d'où résulte l'avortement tragique d'un univers irremplaçable dont lui seul aurait pu être l'auteur. La FAIM, en un mot, lui interdit d'être une FIN* ». Cette réflexion de Zundel sur les conséquences dramatiques de la misère part d'une rencontre qu'il fit lors de son ministère de prêtre avec une femme. Elle lui avait dit alors : « *Je voudrais bien méditer et prier, mais comment voulez-vous que je fixe mon esprit sur une pensée qui l'éclaire, quand j'ai cinq enfants à nourrir et rien dans mes marmites. La faim de mes enfants me crève les entrailles et tue en moi toute vie de l'esprit* ». Et Zundel de commenter : « *Que réclamait-elle ? Simplement un espace de sécurité qui lui aurait permis de faire de sa vie un espace de générosité.* » Pour vivre la parole de sagesse de Jésus « *A chaque jour suffit sa peine* », nous avons tous besoin de cet espace de sécurité. Etre libéré de la tyrannie du lendemain qui nous empêche de vivre pleinement notre présent, cela suppose que nous soyons dans une situation bien différente de celle de cette pauvre mère de famille. Est-ce que Jésus lui reprocherait de se faire du souci pour ses enfants et pour le lendemain ? Je n'en suis pas certain. « *Cherchez d'abord le Royaume de Dieu et sa justice, et tout cela vous sera donné par-dessus le marché* ». L'Evangile nous montre que ce Royaume est difficile d'accès aux riches. Notre expérience nous montre aussi que la misère, différente de la pauvreté, est souvent un obstacle à la vie spirituelle. Oui, nous devons toujours rechercher l'essentiel dans nos vies, car là où est notre cœur, là aussi est notre trésor. Oui, nous devons être vigilants par rapport au pouvoir pernicieux du dieu Argent et ne jamais céder sur les exigences morales en vue du profit et de l'enrichissement. Chercher le Royaume de Dieu et sa justice, n'est-ce pas aussi devenir providence pour nos frères qui sont dans le besoin ? Comment la Providence de Dieu agit-elle si ce n'est à travers nous et par nous qui sommes ses fils et les membres de son Eglise ? Alors si nous avons cette chance de ne manquer de rien, si nous avons cet espace de sécurité, sommes-nous espace de générosité ? Pas seulement pour notre famille et nos amis, mais surtout pour les miséreux de notre monde. Je ne suis pas certain que Jésus ferait des reproches à cette pauvre femme qui se faisait du souci pour ses enfants. Mais je suis certain qu'il nous reprochera notre égoïsme, notre avarice et notre cupidité si, ne manquant de rien, nous n'en avons pas profité pour devenir les visages de sa Providence ici-bas.

9ème dimanche du temps ordinaire
Matthieu 7, 21-27
2011

En ce dernier dimanche du temps ordinaire avant notre entrée en Carême nous entendons la fin du sermon sur la montagne. L'enseignement que Jésus nous délivre ici est particulièrement clair : « Il ne suffit pas de me dire : « Seigneur, Seigneur ! » pour entrer dans le Royaume des cieux ; mais il faut faire la volonté de mon Père qui est aux cieux ». Ce qui est au centre de notre existence chrétienne, ce ne sont pas d'abord des déclarations, des paroles, même des paroles religieuses comme celles de la profession de foi ou de la prière (Seigneur, Seigneur !), mais bien des actes qui traduisent jour après jour notre désir d'accomplir la volonté de Dieu. Ce qui compte donc, pour reprendre une belle expression de saint Paul, c'est la foi active par la charité. Dans le même Evangile selon saint Matthieu deux autres passages viennent éclairer cet enseignement. Le premier se trouve au chapitre 12 : « Quiconque fait la volonté de mon Père des cieux est pour moi un frère, une sœur ou une mère ». Le second se présente sous la forme d'une petite parabole au chapitre 21 : « Un homme avait deux fils. Il s'adresse au premier pour lui dire : Mon garçon, va travailler aujourd'hui à ma vigne. Et lui répond : Je n'en ai pas envie. Mais ensuite il se reprend et il y va. Le père s'adresse également à l'autre et lui dit la même chose ; il répond : Bien sûr que oui, seigneur ! Mais il n'y va pas. Lequel des deux a fait la volonté du Père ? Ils répondent : le premier ». Dans le développement de son enseignement le Seigneur anticipe la réaction de ceux auxquels il adressera des reproches au jour du jugement. Ces chrétiens déclinent alors toutes leurs bonnes attitudes : ils ont été prophètes, ils ont chassé des démons et ils ont fait des miracles au nom de Jésus. Toutes ces actions semblent bonnes, elles ne sont pas des péchés... Et c'est pourquoi la réponse du Christ à ceux qui cherchent ainsi à se justifier en sa présence a de quoi nous étonner : « Je ne vous ai jamais connus. Ecartez-vous de moi, vous qui faites le mal ! » Le Seigneur les renie donc, il ne les reconnait pas comme étant de sa famille, de la famille des enfants de Dieu, de ceux qui cherchent à faire la volonté du Père dans leur vie. Le texte du Nouveau Testament qui me semble être le plus éclairant pour comprendre ce rejet du Christ est le célèbre passage de la première lettre aux Corinthiens, passage dans lequel saint Paul nous présente l'amour de charité comme le sommet et la condition indispensable de toute vie chrétienne. Je ne le cite pas en entier ici, mais simplement cet extrait qui suffira à nous faire comprendre pourquoi Jésus qualifie de mauvaises des attitudes qui semblent pourtant bonnes : « Même si j'ai le don de prophétie et si je connais tous les mystères et toutes les sciences... même si j'ai la plénitude de la Foi, une Foi à transporter les montagnes... si je n'ai pas la Charité, je ne suis rien [...] La Charité ne passe jamais. Les Prophéties ? elles disparaîtront. Les langues ? elles se tairont. La science ? elle disparaîtra. Partielle est notre science, partielle aussi notre prophétie....Mais quand viendra ce qui est parfait, ce qui est partiel disparaîtra. » Faire la volonté du Père, c'est bien sûr agir, ne pas se contenter de belles paroles comme le second fils de la parabole, c'est agir en faisant le bien. Mais cela n'est pas encore suffisant si nous voulons bâtir la maison de notre existence sur le roc solide qu'est le Christ et sa Parole. Il faut encore que notre intention soit pure. Et seul l'amour de charité pour Dieu et pour notre prochain nous donne cette pureté d'intention qui fait de nos actes des semences de vie éternelle. La foi et l'espérance sont limitées à notre vie terrestre. C'est l'amour de charité, et lui seul, qui donne aux autres vertus, foi et espérance, leur valeur. Contrairement à ce que Luther pensait nous ne sommes pas sauvés par la foi seule. Saint Jacques fait remarquer dans sa lettre que les démons eux aussi croient en Dieu. Mais ce dont ils sont absolument incapables c'est du moindre acte de charité, et c'est ce qui fait qu'ils sont justement des démons. Cette capacité d'aimer à la manière de Jésus, en nous faisant serviteurs les uns des autres, nous l'avons reçu au baptême et à la confirmation. Dans la prière nous avons à demander à l'Esprit Saint de nous faire grandir dans cette charité. En communiant nous demandons à Jésus de faire passer cette charité dans nos actes. Et souvenons-nous de la profonde réflexion de Charles Baudelaire : « Il est plus difficile d'aimer Dieu que de croire en lui. Au contraire, il est plus difficile aux gens de ce siècle de croire au diable que de l'aimer. Tout le monde le sert et personne n'y croit ».

Premier dimanche de Carême
Matthieu 4, 1-11
2005

La liturgie de la Parole de ce premier dimanche de Carême est comme un merveilleux triptyque. Méditer ces textes bibliques, c'est un peu comme contempler un tableau qui serait un véritable chef-d'œuvre. Ce tableau a pour thème l'histoire de notre salut. Et l'artiste qui le peint pour la joie de nos yeux et de nos cœurs, c'est le Saint-Esprit. Lorsqu'une peinture s'offre à notre contemplation sous la forme d'un triptyque, nous sommes frappés par l'harmonie établie entre les trois parties. Nous sommes charmés par un admirable effet d'ensemble. En même temps, rien ne nous empêche de nous laisser toucher par tel ou tel autre détail. A travers les auteurs humains de ces textes bibliques, auteurs ayant vécu à des époques bien différentes, ayant leur style d'écriture particulier, nous percevons toute la cohérence de la Parole de Dieu. Nous pressentons l'inspiration du Saint-Esprit. Tout cela pour dire la grande richesse de cette Parole de Dieu au commencement de notre Carême.

Entre le livre de la Genèse et l'Evangile selon saint Matthieu, la liturgie instaure un dialogue fécond, dialogue dans lequel nous avons à entrer pour y entendre de merveilleuses résonances. Car ce sont ces résonances qui nous ouvrent à la compréhension de notre propre mystère et du mystère même de Dieu. C'est une banalité de dire que la tentation est la thématique commune à ces deux textes. Allons plus loin pour donner davantage de consistance à cette thématique. Nous passons d'**un jardin**, celui d'Eden, à **un désert**. Dans ce jardin, l'homme est vivant grâce au souffle de vie, l'Esprit que le Seigneur Dieu lui donne. C'est le même Esprit qui conduit Jésus dans le désert. Dans ce jardin, un serpent, le plus rusé de tous les animaux des champs, adresse la parole à Eve, la tente et lui ment. Dans le désert, le serpent est nommé : c'est le démon, c'est Satan lui-même et à nouveau il ment, à nouveau il prend le visage rusé du tentateur. Mais voilà que nous assistons à un renversement radical de situation entre le jardin et le désert. En s'inspirant de la deuxième lecture, un passage de la lettre de saint Paul apôtre aux Romains, les Pères de l'Eglise ont vu en Jésus le Nouvel Adam et en Marie la Nouvelle Eve : « *De même que tous sont devenus pécheurs parce qu'un seul homme a désobéi, de même tous deviendront justes parce qu'un seul homme a obéi* ». Dans le jardin, Eve et Adam croient davantage en la parole du serpent qu'en la parole de Dieu. Dans le désert, Jésus s'appuie sur la Parole de Dieu pour résister à la tentation et pour vaincre les ruses du démon. Dans le jardin, Eve et Adam veulent se hisser par eux-mêmes au niveau de Dieu : ils veulent devenir comme des dieux. Ils pèchent par **orgueil**. Dans le désert, le Fils de Dieu, Jésus, refuse d'utiliser ses divins pouvoirs à des fins personnelles. Il demeure soumis à Dieu son Père. Lui, la Parole de Dieu faite chair, nous montre un exemple d'**humilité** en obéissant à la Parole de Dieu transmise par les Saintes Ecritures. Nous comprenons alors *pourquoi nous sommes passés d'un jardin à un désert*. C'est le mystère du péché d'Adam et Eve, du péché originel, qui a rendu stérile notre terre et qui a instauré la mort au sein même de notre humanité créée pour la vie. Cet orgueil originel a faussé toutes les relations et a isolé l'homme dans le désert de son existence. Ce péché fait partie intégrante du mystère de notre condition humaine, puisque nous en sommes marqués en venant au monde. Cet héritage négatif fait de nous des handicapés spirituels. « Moi, je suis né dans la faute, j'étais pécheur dès le sein de ma mère » : c'est ainsi que le psaume 50 traduit la réalité du péché originel. Et c'est à propos de cette réalité spirituelle que Pascal écrivait dans ses *Pensées* : « *Rien ne nous heurte plus rudement que cette doctrine. Et cependant sans ce mystère, le plus incompréhensible de tous, nous sommes incompréhensibles à nous-mêmes. Le nœud de notre condition prend ses replis et ses tours dans cet abîme. De sorte que l'homme est plus inconcevable sans ce mystère, que ce mystère n'est inconcevable à l'homme* ».

Que retenir de tout cela pour notre Carême ? C'est en prenant le fruit qu'Eve a perdu notre humanité. Paul nous parle à quatre reprises du « *don gratuit de Dieu* ». Se convertir, c'est enfin accepter de recevoir le don gratuit de Dieu. Se convertir, c'est comprendre que nous n'avons pas à prendre notre dignité de fils de Dieu dans un mouvement d'orgueil. Mais que, par un mouvement contraire, un mouvement d'humilité, nous avons à prendre le chemin de vie ouvert par le Christ : Jésus, en tant que Fils unique de Dieu, se reçoit tout entier du Père ; nous, en tant que fils adoptifs de Dieu, nous devons nous comprendre comme des cadeaux du Père, des chefs-d'œuvre de son amour infini ! Notre gloire et notre dignité viennent de Dieu seul, car Lui seul est capable de nous rendre justes en Jésus-Christ.

Deuxième dimanche de Carême
Matthieu 17, 1-9
2008

Nous venons d'entendre le récit de la Transfiguration du Seigneur dans la version qu'en donne saint Matthieu. Cet événement de la vie du Christ est tellement important que l'Eglise catholique lui consacre une fête particulière le 6 août. La vision telle qu'elle est décrite par l'évangéliste se déroule en trois temps bien distincts.

Le premier temps est à proprement parler celui de la transfiguration de Jésus. Là sur la montagne, à l'écart des foules, « son visage devint brillant comme le soleil, et ses vêtements, blancs comme la lumière ». Nous pouvons imaginer sans peine la beauté et la splendeur de cette vision. Toute la tradition de l'Eglise a lu les paroles du psaume 44 en pensant au Christ : « Tu es beau, comme aucun des enfants de l'homme ». Et à la fin de cet épisode Jésus utilise le titre de « Fils de l'homme » en se l'appliquant à lui-même. La réaction de Pierre bien qu'elle soit teintée de naïveté traduit bien le bonheur qu'il a dû ressentir en contemplant son Maître transfiguré : « Seigneur, il est heureux que nous soyons ici ! » On pourrait aussi traduire en disant : « Il est beau et bon que nous soyons ici ».

Le deuxième temps est celui d'une théophanie trinitaire : une manifestation de Dieu dans son mystère intime. Jésus, le Fils, est là rayonnant de la gloire divine. Une nuée lumineuse apparaît, c'est le Saint Esprit, et la voix du Père se fait entendre : « Celui-ci est mon Fils bien-aimé, en qui j'ai mis tout mon amour ; écoutez-le ! » Et voilà que le rêve semble se transformer en cauchemar pour les disciples : ils passent en un instant du bonheur d'être en présence de Dieu à une grande frayeur qui les projette littéralement à terre.

Le troisième temps est celui du réconfort divin : « Relevez-vous et n'ayez pas peur ! » Cette fois il n'y a plus que la présence de Jésus, lui seul, sans Moïse ni Elie, sans la nuée lumineuse et la voix du Père.

Pour bien comprendre cette succession de temps dans le récit et les réactions diverses qu'elle suscite chez les disciples, nous devons nous reporter à un épisode central du livre de l'Exode, aux chapitre 19 et 20 : l'Alliance entre Dieu et son peuple par l'intermédiaire de Moïse avec le don des dix commandements. Et le lieu que Dieu choisit pour sceller cette alliance c'est la montagne du Sinaï. Quelle est donc la réaction du peuple resté au bas de la montagne ? « Le peuple en tremblait et se tenait à distance. Alors tous dirent à Moïse : 'Parle-nous toi, et nous t'écouterons, mais que Dieu ne nous parle pas, ou nous allons mourir !' ». L'auteur de la lettre aux Hébreux rappelle cette épisode de l'Ancienne Alliance pour bien faire comprendre aux chrétiens la nouveauté apportée par l'Alliance en Jésus-Christ : « Rappelez-vous votre initiation. Il n'y a pas eu de feu qui brûle physiquement, pas de nuée obscure ou d'ouragan, ni le son de la trompette et cette voix qui parlait de telle façon que ceux qui l'entendirent demandaient de ne plus l'entendre. […] Mais vous êtes venus jusqu'à Dieu… Là était Jésus, le médiateur de la Nouvelle Alliance, avec le sang de l'aspersion qui crie beaucoup plus fort que le sang d'Abel.[31] » Il est donc évident que sur la montagne de la Transfiguration Jésus nous est présenté par Matthieu comme le Nouveau Moïse. Et la Transfiguration est un événement majeur de la Nouvelle Alliance de Dieu avec son peuple, non plus le Dieu unique d'Israël mais le Dieu qui se révèle dans la Trinité des personnes.

Quel enseignement pouvons-nous donc retirer de ce mystère lumineux pour nos vies ? Bien des incroyants disent : si Dieu se manifestait à moi de manière visible, alors je croirais… Et bien des catholiques sont friands de visions et d'apparitions… Le peuple d'Israël, lui, demandait surtout de ne pas voir Dieu, tellement la vision de la transcendance divine était effrayante ! La Transfiguration nous rappelle que nous avons l'immense grâce de vivre sous le régime de l'incarnation. C'est la sainte humanité de Jésus et elle seule qui est pour nous le visage de Dieu, la Parole de Dieu. Désormais Dieu se révèle dans la beauté et la douceur de Jésus. A la suite d'Augustin, Maurice Zundel affirme que le Dieu véritable est « un au-delà au-dedans, plus intérieur à nous-mêmes que le plus intime de nous-mêmes ». Pour lui « la transcendance de Dieu est l'excès même de son intériorité par rapport à nous. Dieu est une immanence absolue, c'est-à-dire qu'il est pur dedans. Nous, au contraire, sommes dehors, comme l'affirmait Augustin : 'Tu étais dedans, mais c'est moi qui étais dehors.' » Nous n'avons pas d'autre lieu que Jésus pour trouver Dieu, donc pas d'autre chemin que l'homme. C'est la logique de l'incarnation. « Comment concevoir, se demande Zundel, que Dieu puisse se révéler sans prendre racine dans notre intimité et nous apparaître sans transparaître à travers nous, sans devenir lumière en nous ? » « L'Evangile, pratiquement, c'est nous-mêmes. L'Evangile, c'est, dans la vie quotidienne, notre visage où le visage de Dieu veut transparaître ».

---

31   Chapitre 12, versets 18-24

Troisième dimanche de Carême
Jean 4, 5-42
2005

La liturgie de la Parole de ce troisième dimanche de Carême offre à notre méditation *l'Evangile de la Samaritaine* en saint Jean. Quelle merveilleuse page évangélique ! Quelle richesse dans cette rencontre entre le Seigneur et la femme de Samarie ! Cette page évangélique peut nous inviter à réfléchir sur la soif spirituelle de nos contemporains et sur notre propre soif spirituelle en tant que baptisés. On entend souvent dire que la majorité des français et des européens de manière plus générale serait athée. C'est faux. Car rappelons la définition exacte de l'athéisme. Un athée, c'est une personne qui est convaincue de la non-existence de Dieu, et qui peut défendre sa conviction avec des arguments mûrement réfléchis. Les athées sont finalement peu nombreux. La plupart des français ne sont pas athées, ils sont agnostiques : c'est-à-dire qu'ils se sentent incapables d'affirmer ou de nier l'existence de Dieu. Ils ne savent pas, et la plupart du temps ils ne se posent même plus la question de Dieu. Ils vivent dans un matérialisme pratique. En même temps, force est de constater que l'horizon spirituel résiste au matérialisme pratique et que l'homme reste un *animal religieux*. Dans nos pays européens, la religion chrétienne est souvent étiquetée comme un phénomène ancien, donc connu, donc inintéressant. Car, ne l'oublions pas, l'homme contemporain connaît une démangeaison bien particulière, celle de la nouveauté. C'est ainsi que la soif spirituelle d'un certain nombre aboutit aux sectes ou encore aux spiritualités du *New Age*. Nous assistons à un dévoiement de cette soif spirituelle, à un égarement qui ne peut que nous contrister profondément. Pourtant le Christ Ressuscité est là, assis au bord du puits, prêt à rencontrer chacun et chacune en vérité. Pourtant le Christ est assoiffé de faire de nous des fils adoptifs de Dieu. Il n'attend qu'une chose : c'est de répandre en nos cœurs l'amour de Dieu par le don de l'Esprit Saint.

Dans la foi nous savons bien que l'Evangile de Jésus n'est jamais quelque chose d'ancien, encore moins de dépassé. L'Evangile est toujours nouveau, toujours actuel, toujours jeune. Parce qu'il est toujours surprenant, si nous nous donnons la peine de le connaître non seulement avec notre intelligence mais aussi avec notre cœur, et tout ce que nous portons au plus profond de nous-mêmes. Depuis Jésus, nous avons l'immense grâce de vivre sous la Nouvelle Alliance. Et cette Alliance est véritablement nouvelle pour chaque nouvelle génération. En tant qu'Epouse du Christ, Epouse du Vivant, l'Eglise est toujours jeune, renouvelée par l'Esprit de Dieu de génération en génération.

Où donc nos contemporains peuvent-ils découvrir cette nouveauté de l'Evangile, si ce n'est sur nos visages, si ce n'est à travers l'Eglise ? Ecoutons l'Apôtre Paul : *« Le Seigneur, c'est l'esprit. Et là où est l'esprit du Seigneur, c'est la liberté. Tous nous portons sur notre visage découvert les reflets de la gloire du Seigneur, de jour en jour plus resplendissants, et nous sommes transformés en son image, car il est le Maître de l'esprit »*[32]. L'eau vive que le Seigneur veut donner à la Samaritaine, c'est l'Esprit Saint : *« source jaillissante pour la vie éternelle ».* Et l'Esprit est source de liberté, il nous libère des carcans dans lesquels nous avons tendance à nous enfermer et des idoles que nous nous fabriquons si aisément.

Jésus témoigne dans son attitude envers la femme de Samarie d'une étonnante liberté…et cette liberté choque la Samaritaine et les disciples. Il ne respecte pas les traditions de son peuple. Il ose adresser la parole à une femme, et en plus à une non-juive ! Ce serait merveilleux si nos contemporains pouvaient voir dans l'Evangile une source de liberté intérieure. Mais nous savons que cela dépend en grande partie de notre témoignage personnel.

Dans sa conversation avec la Samaritaine, Jésus nous indique *deux chemins libérateurs, toujours actuels*.

Le premier est celui de l'adoration de Dieu en esprit et en vérité. Notre carême nous invite à sortir d'une pratique routinière de notre religion. Notre foi est tout sauf une habitude. Nos rites, nos sacrements, s'ils ne sont pas habités par le feu de l'amour, deviennent rapidement de vieilles choses qui ennuient et qui lassent. C'est à ce point précis que nous avons à nous demander : quelle est notre soif spirituelle lorsque nous pratiquons notre religion ? Avons-nous encore le désir de Dieu ? Ou bien sommes-nous devenus des fonctionnaires du religieux ? Le chemin de l'intériorité spirituelle, celui d'une religion du cœur, est plus que jamais nécessaire si nous voulons témoigner de la nouveauté évangélique dans notre monde.

Le second chemin est celui de l'accomplissement de la volonté de Dieu. Notre foi chrétienne est inséparablement une intériorité spirituelle et une obéissance aux commandements de Dieu. Nous échappons ainsi à l'illusion d'une spiritualité désincarnée et planante. Au plus la spiritualité chrétienne est intérieure, en esprit et en vérité, au plus elle porte des fruits concrets de charité, au plus elle est incarnée : *« Si quelqu'un prétend aimer Dieu alors qu'il a de la haine pour son frère, c'est un menteur : si on n'aime pas son frère que l'on voit, comment va-t-on aimer Dieu qu'on ne voit pas ? »*[33] Tel est le défi que nous avons à relever jour après jour. Il dépend en partie de nous que l'Evangile ne soit pas catalogué comme une vieille chose, mais comme le rayonnement toujours nouveau et jeune de la puissance d'amour manifestée en Jésus le Christ, notre Seigneur.

---

32 2 Corinthiens 3, 17.18

33 1 Jean 4, 20

Quatrième dimanche de Carême
Jean 9, 1-41
2008

Il y a au moins *un point commun* entre l'Evangile de dimanche dernier (la Samaritaine) et celui de cette liturgie : la question concernant l'identité de Jésus.
Si nous regardons de près le long récit que donne saint Jean de la guérison de l'aveugle-né, nous constatons que l'évangéliste ne consacre que quelques versets à la guérison en elle-même. Ce qui semble l'intéresser bien davantage, c'est la polémique que ce geste de Jésus a suscité dans l'entourage du miraculé.
L'aveugle de naissance témoigne très simplement du miracle dont il est le bénéficiaire. Jean insiste sur la difficulté que les personnes de son entourage ont à accepter ce simple et constant témoignage. Et c'est ainsi que la polémique va naître dans trois groupes différents : les voisins, les pharisiens et les parents. Ceux qui refusent d'accueillir le témoignage de l'aveugle-né refusent en fait de reconnaître Jésus dans sa véritable identité d'envoyé du Père. *Ce signe de Jésus*, la guérison de l'aveugle de naissance, *divise* autant les voisins que les pharisiens. Dans ces deux groupes il y a ceux qui refusent de se rendre à l'évidence. Les pharisiens ont en outre un motif religieux : Jésus a guéri cet homme le jour du sabbat ! Quant aux parents du miraculé ils adoptent une attitude neutre par peur des Juifs.
La question centrale est finalement celle de l'identité de Jésus. Les voisins la formulent d'une manière qui semble anodine : « Et lui, où est-il ? » En nous référant au premier chapitre du même Evangile, nous pouvons comprendre toute la portée de cette question. En effet les deux disciples demandent à Jésus : « Maître, où demeures-tu ? »[34] Ce qui, chez saint Jean, va plus loin que la simple localisation géographique. Les pharisiens, quant à eux, affirment leur ignorance au sujet de l'identité de Jésus : « Quant à celui-là, nous ne savons pas d'où il est ». Confrontés au raisonnement plein de bon sens du miraculé, ces hommes savants se mettent en colère et l'injurient. Jean souligne à quel point leur cœur est habité de mépris pour cet homme simple, cet homme du peuple : « Tu es tout entier plongé dans le péché depuis ta naissance, et tu nous fait la leçon ? » En contraste avec l'ignorance peccamineuse des pharisiens, nous trouvons le beau chemin de foi de l'homme auquel Jésus a rendu la vue. Lui aussi part de l'ignorance : « Je ne sais pas », mais au fur et à mesure, un peu comme la femme de Samarie, son cœur va s'ouvrir à la lumière de la foi, par paliers. Il reconnaît d'abord en Jésus un prophète puis le Seigneur : « Je crois, Seigneur ».
Cette page évangélique est autant l'histoire de ceux qui se laissent toucher par la grâce que celle de ceux qui lui résistent et refusent de croire : « Les Juifs ne voulaient pas croire que cet homme, qui maintenant voyait, avait été aveugle ». Bref ils refusent le signe de peur d'être amenés à la foi en Jésus. C'est véritablement l'endurcissement du cœur devant l'évidence des signes de Dieu. Ce grave péché n'est pas seulement l'affaire de certains incroyants ou athées, mais il peut, de manière paradoxale, concerner aussi certains croyants. Nous vivons de la foi en Jésus, mais rien ne nous

---

[34] Jean 1, 38

empêche de nous rendre inaccessibles aux appels de sa grâce. Rien ne nous empêche de fermer les yeux aux signes qu'il nous donne pour nous conduire parfois là où nous ne voudrions pas aller…

Ce sont deux paroles du Seigneur, paroles encadrant tout le récit, qui nous donnent la fine pointe de cet Evangile. Au début : « Je suis la lumière du monde » ; et à la fin : « Je suis venu en ce monde pour une remise en question : pour que ceux qui ne voient pas puissent voir, et que ceux qui voient deviennent aveugles ». Il y a bien sûr un va et vient entre le sens physique et le sens spirituel de la vision. La source d'aveuglement pour les pharisiens, c'est bien leur orgueil religieux, leur autosatisfaction. Ils n'ont pas besoin de la lumière qu'est Jésus. A l'opposé l'aveugle de naissance, bien que physiquement aveugle, va accéder à une double vision parce qu'il est humble. Il va recouvrer la vue et dans la foulée accéder à la lumière de la foi. Il va reconnaître Jésus comme son Sauveur.

Cet Evangile est un appel à cultiver et à retrouver, si nous les avons perdues, la simplicité et l'humilité dans nos rapports avec le Seigneur. Soyons convaincus avec Pascal qu' « *il y a assez de lumière pour ceux qui ne désirent que de voir et assez d'obscurité pour ceux qui ont une disposition contraire* ».

Cinquième dimanche de Carême
Jean 11, 1-45
2011

En relatant le récit de la résurrection de Lazare, saint Jean fait le lien avec l'Evangile de dimanche dernier, celui de la guérison de l'aveugle de naissance. Nous pouvons repérer au moins trois points communs entre ces deux récits. Tout d'abord le mal (handicap ou maladie qui conduit à la mort) doit servir à manifester l'action de Dieu en notre faveur ainsi que la puissance et la gloire de Dieu révélées en Jésus-Christ. Ensuite le thème de la lumière est présent : Jésus agit au nom de Dieu alors qu'il fait encore jour et il est lui-même cette lumière. Les jours des ténèbres, ceux de la Passion désormais toute proche, sembleront empêcher l'action de Dieu en tuant Jésus. Enfin Jean donne très peu de place au récit du miracle en lui-même (ici deux versets seulement !). L'évangéliste s'intéresse davantage à la préparation et aux conséquences du miracle, et bien sûr à sa signification.

La résurrection de Lazare est le dernier et le 7ème des miracles accomplis par Jésus dans l'Evangile de Jean. Les spécialistes de cet Evangile appellent les miracles qui y sont consignés des signes, car encore une fois c'est bien leur signification qui est la plus importante, c'est-à-dire ce qu'ils révèlent du plan de Dieu en notre faveur dans le cadre de la Nouvelle Alliance.

A deux reprises le Seigneur affirme qu'il va accomplir ce dernier signe avant sa Passion afin que ses disciples puissent croire en Lui. Et c'est bien la foi qui est au centre de cette page d'Evangile. Et l'objectif de Jésus est atteint puisque de nombreux Juifs crurent en lui. En même temps le dialogue entre le Seigneur et Marthe, l'une des sœurs de Lazare, nous montre que la foi est aussi une condition pour que le signe puisse être donné et reçu : « Crois-tu cela ? », crois-tu vraiment que je suis l'envoyé du Père et qu'en ma personne se trouve la vie divine ? Crois-tu que je suis la résurrection et la vie pour tous ceux qui mettent leur foi en moi ? Et Marthe de répondre en faisant une belle profession de foi : « Oui, tu es le Messie, je le crois ; tu es le Fils de Dieu, celui qui vient dans le monde ». La foi demeure toujours un acte libre de notre part. Les signes nous sont donnés par Dieu pour nous aider à faire ce pas de la confiance en Jésus. Mais aucun signe ne peut nous contraindre à croire. Et pour accueillir les signes de Dieu il faut, à la manière de Marthe, être déjà disposé à la foi. Il ressort de ce récit que l'acte de croire est à la fois une condition et une conséquence du signe. « Si tu crois, tu verras la gloire de Dieu ». Nous ne pouvons bien interpréter le signe divin que si quelque part nous sommes déjà ouverts à la présence et à l'action de Dieu en notre monde.

Nous pourrions peut-être penser : c'est bien beau tout cela, mais en quoi sommes-nous concernés ? Nous n'avons pas vu de résurrection et nous n'en verrons probablement jamais. En tant que chrétiens quels signes de Dieu percevons-nous aujourd'hui ? Voilà la question à laquelle nous conduit ce récit. Avant d'aller plus loin une allusion à l'Evangile de saint Luc me paraît éclairante. C'est la conclusion de la parabole de Lazare (rien à voir avec notre Lazare !) et du mauvais riche qui souffre

loin de Dieu et qui prie pour que ses frères vivants encore sur terre puissent se convertir. La réponse d'Abraham est intéressante pour nous : « S'ils n'écoutent pas Moïse et les prophètes, même avec la résurrection d'un mort on ne les convaincrait pas ». Le premier signe de Dieu dans nos vies c'est donc sa Parole reçue en Eglise. Et c'est à la lumière de cette Parole que nous comprenons les signes des temps dont nous parle le Concile Vatican II. Hasard, destin, fatalité ? Non, les événements de notre vie personnelle comme ceux du monde peuvent devenir signes de Dieu si nous savons les accueillir en chrétiens. Tout ce qui est positif nous pousse bien sûr à la louange et au remerciement. Cependant même ce qui porte la marque du mal peut être signe de Dieu pour nous. Les catastrophes naturelles et écologiques, nombreuses ces derniers temps, ne sont pas des punitions de Dieu. Elles sont des signes qui nous invitent à l'humilité et à la sagesse. Quand l'homme se croit tout-puissant, la nature le ramène à la réalité de sa condition de créature faible et limitée. Ces signes nous invitent à revoir nos modes de vie basés sur le gaspillage et la surconsommation. Le spectacle navrant de ces hommes politiques ou chefs d'Etat qui préfèrent mettre leur pays à feu et à sang plutôt que de se retirer et de renoncer au pouvoir est la meilleure des leçons de morale. Dieu nous donne un signe aussi à travers cela : nous devrions être bien avertis des effets terriblement nocifs de la soif de pouvoir et de domination, pas seulement au niveau politique mais aussi au niveau personnel qui est le nôtre. C'est aussi le signe que lorsque la politique a oublié sa noble raison d'être, le service du bien commun, elle peut déstabiliser des peuples entiers. En France la montée de l'abstention aux élections est un signe. Dieu peut très bien se servir ce de qui est qualifié comme un manque de civisme pour remettre les hommes politiques devant leur responsabilité et la dignité de leur mission. Mais ce signe sera-t-il entendu ? Le malheur de beaucoup d'entre nous semble bien être le suivant : malgré les signes des temps nous refusons de changer, et habituellement nous attendons qu'il soit trop tard (une catastrophe, une crise mondiale ou une révolution) pour nous poser les bonnes questions et retrousser enfin nos manches.
Nous qui avons la grâce de croire en Jésus, nous savons, avec saint Paul, « que pour ceux qui aiment Dieu, ceux qu'il a choisis et appelés, Dieu se sert de tout pour leur bien ».

Dimanche des Rameaux et de la Passion
Matthieu 26,14 – 27,66
2008

La liturgie des Rameaux et de la Passion est comme un grand porche d'entrée, un porche solennel, qui nous fait passer du carême à la semaine sainte, c'est-à-dire au sommet de toute notre année liturgique.
En méditant ces textes magnifiques de la Parole de Dieu, j'ai été frappé par la place que tiennent les foules dans ces dernières heures de la vie de Notre Seigneur. L'évangéliste Matthieu parle autant de la foule que des foules. *De la foule des Rameaux qui acclame le Christ Roi à la foule qui réclame à Pilate la mort de Jésus* : voilà un itinéraire qui nous livre une leçon spirituelle de premier ordre. Les foules sont versatiles, elles changent rapidement d'opinions, car elles sont manipulables. Dans la Passion de Notre Seigneur, ce sont les élites religieuses d'Israël qui vont retourner les foules en les manipulant. *L'obscurité du ciel de la Passion nous renvoie bien à l'obscurcissement des consciences humaines*. Lorsqu'une personne humaine se laisse absorber par une foule manipulée, elle devient capable du pire et les digues de sa conscience cèdent alors rapidement. « *Quel mal a-t-il donc fait ?* » La question du païen Pilate n'obtient comme réponse que des cris : « *Qu'on le crucifie !* » A ces cris inhumains répondra le grand cri du Fils de l'homme au moment de sa mort. Ce récit de la Passion écrit par un Juif pourrait bien nous sembler paradoxal car ce sont les païens qui font preuve d'humanité ou de clairvoyance envers Jésus. Certes il y a les soldats du gouverneur qui se moquent et torturent. Ce sont des bourreaux, des violents, probablement habitués à s'amuser avec les condamnés… Mais remarquons bien que les seules personnes dans ce récit ce sont Pilate, sa femme et le centurion chargé de la garde de Jésus ! Tous les autres n'existent que par des groupes… La femme de Pilate parle de Jésus comme d'un juste et le centurion donne la plus belle des professions de foi : « *Vraiment, celui-ci était le Fils de Dieu !* » L'ébranlement cosmique de la Passion vient ouvrir le cœur du soldat païen à la nouvelle grâce issue du cœur du Christ. Quant à Pilate il ne va pas jusqu'au bout des exigences de sa conscience. Il sait très bien que Jésus est innocent, il voudrait le sauver, mais il fait passer l'ordre public avant l'exigence de la vérité et de la justice. Même s'il se lave les mains, il n'en est pas moins responsable, lui aussi, de la condamnation d'un juste…
Cette contemplation de la Passion nous invite au moins à deux attitudes en tant que chrétiens. La première consiste à rechercher et à cultiver avec le Seigneur une relation vraiment personnelle, particulièrement par la prière et la méditation de la Parole. Le chrétien n'est pas un mouton anonyme bêlant à l'unisson du troupeau… Il est appelé dans la communion du Corps du Christ à devenir toujours davantage une personne ! La seconde concerne les exigences de notre conscience humaine et chrétienne. L'exemple de Pilate devrait nous mettre en garde sur de possibles compromissions par lesquelles nous nions notre dignité de fils de Dieu et la dignité de nos frères. Etre

chrétien, c'est aussi savoir utiliser l'objection de conscience chaque fois que la vérité et la justice sont en jeu dans nos vies ou dans la vie de notre prochain.

Jeudi Saint, Messe en mémoire de la Cène du Seigneur
Jean 13, 1-15
2008

La célébration du Jeudi Saint a pour but de nous rappeler l'institution du sacrement de l'eucharistie par Jésus, la veille de sa mort. C'est le sens de la deuxième lecture dans laquelle l'apôtre Paul redit aux chrétiens de Corinthe toute l'importance de ce sacrement. Cependant l'Eglise n'a pas choisi comme Evangile un récit de cette institution de l'eucharistie, récit que l'on peut trouver chez Matthieu, Marc ou Luc. Elle a préféré nous rapporter l'événement du lavement des pieds dans l'Evangile de Jean. Le quatrième évangéliste situe en effet le lavement des pieds dans le cadre de la dernière Cène, le dernier repas de Jésus avec ses apôtres. Il y a donc *un rapport entre le lavement des pieds et le sens de l'eucharistie*. L'eucharistie est le sacrement de l'amour de Jésus pour nous. La communion eucharistique, si elle suppose la foi, est d'abord une communion d'amour entre le Christ et chacun d'entre nous. Si nous communions au corps du Christ à la messe, nous devons grandir dans l'amour du Christ. La belle introduction que Jean donne au geste du lavement des pieds ne nous permet aucun doute : « Jésus, ayant aimé les siens qui étaient dans le monde, les aima *jusqu'au bout* ». La clef d'interprétation de ce geste, c'est donc l'amour fou du Seigneur pour nous. *« Jusqu'au bout »* signifie aussi en grec jusqu'à la perfection : Oui, il ne manque absolument rien à l'amour du Christ, parce que c'est un amour proprement divin qui a sa source en Dieu notre Père. Le geste du lavement des pieds est comme un testament en acte de Jésus, à la veille de sa Passion. Pour faire ce geste, un geste d'esclave, de domestique, Jésus doit quitter son vêtement et se mettre à genoux devant ses apôtres. Lui qui est le Fils de Dieu ! Ce geste ne peut exister que dans la mesure où notre Seigneur a le cœur humble. En lui, aucune trace d'orgueil ou de sentiment de domination. Ce geste est un abaissement de la divinité, de la sainteté du Fils unique, à notre pauvre niveau de créatures marquées par la misère du péché. Par ce geste inouï Jésus signifie aussi à ces hommes leur grande dignité dans le cœur de Dieu. L'humanité est bien le sommet de toute la création de Dieu, en elle il y la trace de Dieu, son image. C'est cela que Jésus reconnaît en se mettant à genoux devant des hommes qui vont bientôt l'abandonner par peur ou par lâcheté. Pour éclairer encore davantage le lavement des pieds, nous pouvons nous référer à un passage de saint Luc : « *Heureux ces serviteurs que le Seigneur à son retour trouvera éveillés ! En vérité, je vous le dis, c'est lui qui se mettra le tablier ; il les fera passer àtable et les servira l'un après l'autre.*[35] » Cet Evangile de Luc va encore plus loin puisque dans la gloire du Paradis Jésus se fera notre serviteur !

La réaction de Pierre, « Tu ne me laveras pas les pieds, non, jamais ! », montre à quel point ce geste du Seigneur a dû être déconcertant pour les Apôtres... Et Pierre nous rappelle d'ailleurs Jean le baptiste qui refusait de baptiser Jésus dans les eaux du Jourdain: « Quoi ? Tu viens à moi ? C'est moi qui devrais me faire baptiser par

---

35   Luc 12, 37

toi ![36] » Du baptême au lavement des pieds, Notre Seigneur suit un même itinéraire et ne s'en écarte jamais : il nous montre un Dieu qui, par surabondance d'amour et de miséricorde, veut se faire le serviteur de ses créatures, un Dieu qui n'a pas honte de s'abaisser pour que nous puissions nous laisser réconcilier avec lui ! Comme Jean et comme Pierre, nous avons bien souvent *notre image de Dieu, une image qui n'est pas forcément chrétienne* : Un Dieu distant, un Dieu tellement transcendant, puissant et majestueux, qu'il ne peut que nous dominer, nous regarder de haut. Paradoxalement l'attitude de Pierre n'est pas une attitude humble mais plutôt orgueilleuse. C'est de la fausse humilité ! Car en fait Pierre est davantage attaché à son image de Dieu qu'à la vérité que Jésus veut lui révéler par le geste du lavement des pieds. La véritable humilité consiste à laisser Dieu être ce qu'il veut être pour nous, à accepter cette idée folle qu'il vient se faire notre serviteur, à genoux devant nous en Jésus, son Fils bien-aimé ! Aucun homme n'aurait pu inventer le récit du lavement des pieds, car ce qui se passe ici va bien au-delà de la conception naturelle, habituelle, que les hommes peuvent se faire de leur(s) dieu(x).

Je conclurai en mettant en valeur la notion d'exemple : « C'est un exemple que je vous ai donné afin que vous fassiez, vous aussi, comme j'ai fait pour vous ». La grandeur selon l'Evangile n'a rien à voir avec la grandeur selon le monde. La seule grandeur valable pour Jésus, la seule qui nous rapproche vraiment de Dieu, c'est bien le service de Dieu et de notre prochain par amour. L'ambition du chrétien c'est la sainteté, la ressemblance avec Dieu. Tant que nous n'avons pas découvert la joie du service comme une bienheureuse sortie de notre égoïsme, nous ne pouvons pas suivre Jésus. Comme le disait Chris Mc Candless, le jeune aventurier du film *Into the Wild*, le bonheur n'est authentique que quand il est partagé…

---

[36] Matthieu 3, 14

Vendredi Saint 2006
Célébration de la Passion du Seigneur

L'office de la Passion est l'un des sommets de notre année liturgique. La Passion de Notre Seigneur selon saint Jean nous rapporte trois des sept dernières paroles du Christ. L'une d'entre elles, « *tout est accompli* », nous permet de comprendre pourquoi la Passion constitue l'un de ces sommets de notre année liturgique. En ce vendredi saint, la liturgie de la Parole nous remet dans le cœur cette merveilleuse symphonie des Ecritures. Dans la deuxième lecture, l'auteur sacré nous parle de l'obéissance du Christ : « *Bien qu'il soit le Fils, il a pourtant appris l'obéissance par les souffrances de sa passion ; et, ainsi conduit à sa perfection, il est devenu, pour tous ceux qui lui obéissent, la cause du salut éternel.* » Humainement parlant, la Passion du Seigneur est un scandale, une folie, un terrible échec. Et surtout une injustice absolue. Dans le plan de Dieu elle est un accomplissement. C'est en passant par l'épreuve de sa Passion que Jésus est conduit à sa perfection. Non pas en tant que Fils de Dieu bien sûr, mais dans son humanité. Jésus obéit non seulement à la volonté de son Père, qui est une volonté de salut pour notre humanité. Mais il va jusqu'à obéir aux Ecritures à travers lesquelles cette volonté de Dieu n'a cessé de s'exprimer au cours des âges, au cours de l'histoire du peuple d'Israël. Saint Jean le souligne à de multiples reprises. A propos de la tunique du Christ : « *Ainsi s'accomplissait la parole de l'Ecriture : 'ils se sont partagés mes habits ; ils ont tiré au sort mes vêtements.* » La parole « *J'ai soif* » est ainsi introduite : « *Sachant que désormais toutes choses étaient accomplies, et pour que l'Ecriture s'accomplisse jusqu'au bout, Jésus dit : 'J'ai soif'.* » A propos du coup de lance dans le côté du Christ mort sur la Croix : « *Tout cela est arrivé afin que cette parole de l'Ecriture s'accomplisse : 'Aucun de ses os ne sera brisé.' Et un autre passage dit encore : 'Ils lèveront les yeux vers celui qu'ils ont transpercé.'* ». Non seulement Jésus accomplit dans sa Passion les Ecritures, mais il accomplit aussi ses propres paroles. Ce qui est normal, puisqu'il est la Parole de Dieu faite chair : « *Ainsi s'accomplissait la parole que Jésus avait dite pour signifier de quel genre de mort il allait mourir.* » Dans ce contexte la lecture d'Isaïe, le 4ème chant du Serviteur, et le psaume 30 prennent un relief tout particulier. Nous ne pouvons pas comprendre en profondeur le Nouveau Testament sans l'Ancien. Il est pour nous important de nous familiariser avec les textes prophétiques et les psaumes pour goûter cette merveilleuse symphonie des Ecritures qui culmine avec le mystère pascal.

Isaïe comme Jean soulignent le silence du Seigneur pendant sa Passion. Celui qui est la Parole de Dieu faite chair se tait désormais. Non seulement parce qu'il ne veut pas se défendre ou se justifier, mais parce qu'il a déjà tout dit ouvertement. Il se tait enfin pour obéir aux prophéties : il est vraiment cet Agneau qui n'ouvre pas la bouche, cette « brebis muette ». Et c'est ainsi qu'il devient la cause de notre salut.

Le 4ème chant du Serviteur en Isaïe nous donne par avance le sens profond du drame de la Passion. Jésus n'est pas seulement la victime innocente de la jalousie des grands prêtres ou de la lâcheté de Pilate… Une victime historique, pourrait-on dire… Des victimes innocentes, il y en a eu malheureusement des milliers tout au long de l'histoire de notre humanité ! « *C'était nos souffrances qu'il portait, nos douleurs dont il était chargé. C'est à cause de nos fautes qu'il a été transpercé, c'est par nos péchés qu'il a été broyé.* » Contempler la Passion de Jésus, c'est contempler Jésus Sauveur, Jésus Rédempteur. Oui, il est vraiment « *devenu, pour tous ceux qui lui obéissent, la cause du salut éternel.* » La deuxième lecture se fait ainsi l'écho de la première : « *Le châtiment qui nous obtient la paix est tombé sur lui, et c'est par ses blessures que nous sommes guéris.* »

En ce vendredi saint, la proclamation de la Passion peut nous amener à nous poser quelques questions :

- Quelle est la place de la lecture et de la méditation de l'Ecriture dans notre vie ?
- Comment utilisons-nous le don de la parole ? Pour bénir, consoler, réconforter, médire, calomnier ? Pour nous défendre, nous justifier, pour accuser ? Savons-nous nous taire lorsque cela est nécessaire ?
- Obéir au Christ notre Seigneur… Acceptons-nous de nous laisser purifier de nos péchés ? Comprenons-nous que sans la vertu d'humilité nous ne pouvons pas suivre le Christ ? Avons-nous le désir profond d'accomplir dans notre vie, dans notre personne, les paroles de vies du Seigneur telles qu'elles nous sont rapportées dans les Evangiles ?

Puissions-nous, au terme de notre vie et avec la grâce du Seigneur, dire en vérité : « tout est accompli. »

Pâques 2005

Depuis jeudi soir nous célébrons avec toute l'Eglise le mystère pascal de Notre Seigneur Jésus-Christ. Ce mystère de mort et de résurrection est le centre de notre foi chrétienne. Ce mystère est le sommet de l'histoire de notre salut, la source de toutes les grâces divines et de tous les sacrements.

Parmi les sept sacrements, le sacrement de l'eucharistie est le Saint-Sacrement, le Sacrement par excellence. L'eucharistie est le plus grand des cadeaux de Dieu !

Si l'eucharistie est le plus grand des cadeaux de Dieu, on peut affirmer que la Résurrection du Seigneur est la grande surprise de Dieu ! Tout au long des trois années de son ministère public Jésus a bien essayé de préparer ses apôtres à l'événement de la Résurrection. Il a annoncé son mystère pascal. Dans cette préparation l'épisode de la Transfiguration tient une place tout à fait particulière. Confrontés au scandale de la Passion et de la Croix, les apôtres se sont enfuis, ont renié leur Maître et Seigneur. Ils ont finalement connu le doute, la déception et la peur. Au matin du dimanche de Pâques, ils s'attendaient à tout sauf à trouver le tombeau vide ! La fin de l'Evangile de cette liturgie est on ne peut plus claire sur ce point : *« Jusque-là, en effet, les disciples n'avaient pas vu que, d'après l'Ecriture, il fallait que Jésus ressuscite d'entre les morts »*. Ils s'attendaient si peu à revoir Jésus vivant qu'il leur faudra bien du temps après Pâques pour accepter la réalité de la Résurrection. Et finalement ce n'est qu'avec le don du Saint Esprit à Pentecôte qu'ils pourront devenir les témoins de Jésus ressuscité. Et pourtant le Seigneur s'est manifesté à eux à bien des reprises… C'est dire si la surprise est grande. Cet événement a les caractéristiques d'une nouveauté inouïe. Car il s'agit bien ici d'une *« Première »* historique ! D'où le beau titre que Paul donne au Ressuscité dans sa lettre aux Colossiens : *« Premier-né d'entre les morts »*.

C'est par les sacrements de l'initiation chrétienne que nous devenons pour ainsi dire des fils de la résurrection, des créatures nouvelles. Ces sacrements appellent de notre part une nouvelle manière de penser et une nouvelle manière de vivre. C'est cela la conversion chrétienne ou évangélique. Et la loi des créatures nouvelles, notre loi, c'est celle du commandement de l'amour fraternel que Jésus nous a laissé en testament spirituel lors de la dernière Cène. Or nous sommes tous plus ou moins confrontés à la même expérience : notre difficulté à vivre les relations humaines de manière chrétienne, que ce soit dans la famille, au travail, dans la paroisse ou bien dans la diversité qui est celle de nos milieux de vie. Bien souvent nous avons l'impression que le vieil homme, l'homme pécheur, reprend le dessus ! Pourtant la vie du Ressuscité devrait envahir notre être tout entier ainsi que tous les domaines de notre existence jusqu'à ceux qui nous paraissent les plus insignifiants… Rien n'est en fait insignifiant pour un chrétien. En tout cas certainement pas notre manière d'entrer en relation avec autrui ! Dans ce domaine, nous avons bien des défis à relever pour vivre en créatures nouvelles. Il faudrait relire tout saint Paul qui est si lumineux quant aux situations concrètes… Je me limiterai ici à deux citations.

La première se trouve dans la deuxième lettre aux Corinthiens : « *Nous ne considérons plus les gens selon les critères humains ; même le Christ, si nous l'avons connu dans son existence humaine, nous ne devons plus le connaître ainsi. Toute personne qui est dans le Christ est une création nouvelle. Ce qui était est du passé : le neuf est arrivé ».*[37] Notre relation au Christ ressuscité, nous la vivons dans la foi. Cela implique que nous abandonnions les critères humains pour vivre nos relations avec les hommes, nos frères. Les critères humains se fondent, nous le savons bien, sur l'apparence, la richesse, le savoir, le pouvoir. Tout cela c'est la gloire qui vient du monde. Notre gloire de créatures nouvelles est ailleurs, dans notre relation d'amitié avec Dieu notre Père, par le Christ dans l'Esprit. Voilà ce qui compte réellement et définitivement. La plupart de nos péchés contre l'amour fraternel viennent de ce que nous sommes encore enlisés dans des considérations bien trop humaines : envie, jalousie, orgueil, mépris, colère, médisance, calomnie, jugements hâtifs, rivalités, dissensions etc.

La seconde citation de Paul se trouve dans la lettre aux Galates : « *Vous êtes fils de Dieu par la foi en Jésus Christ, et vous avez revêtu le Christ, vous tous qui avez été donnés au Christ par le baptême. Là, il n'y a plus de distinctions : Juif et Grec, esclave et homme libre, homme et femme ; tous vous êtes devenus un dans le Christ Jésus ».*[38] En fondant l'Eglise, le Christ Ressuscité instaure une communion surnaturelle qui abolit les barrières que nous avons tendance à édifier entre nous. Ce qu'affirme ici saint Paul s'applique aux relations entre chrétiens. Mais nous pouvons aussi l'appliquer à toutes nos relations humaines sans aucune exception puisque le Christ va jusqu'à nous demander d'aimer nos ennemis. Vivre en ressuscités, n'est-ce pas justement renverser les distinctions qui excluent, les barrières qui trient trop facilement « les bons » des « mauvais » ? Nous sommes des créatures nouvelles chaque fois que nous sommes prêts à accueillir la parole du Vivant et à la mettre en pratique. Car « *tout ce que vous avez fait à l'un de ces petits qui sont mes frères, c'est à moi que vous l'avez fait* »[39].

---

[37] 5, 16.17

[38] 3, 26-28. Cf. aussi Colossiens 3, 11

[39] Matthieu 25, 40

2ème dimanche de Pâques
Jean 20, 19-31
2011

En ce dimanche de l'octave de Pâques, l'Evangile nous ramène au soir du jour de la résurrection du Christ. Cette page évangélique comprend deux parties séparées entre elles par 8 jours. Je laisserai de côté l'épisode de l'apparition à Thomas pour me concentrer sur la première partie : la manifestation du Ressuscité à ses disciples. L'expérience qu'ils font du Ressuscité présent au milieu d'eux va les transformer. Ils vont en effet passer de la peur à la joie. J'y reviendrai.

Mais regardons d'abord le message de Pâques que Jésus leur adresse. Ce message est d'abord un don, il est ensuite un envoi en mission. Jésus Vivant se manifeste en effet à eux avec un double cadeau. Vainqueur pour toujours de la mort, il ne revient pas parmi eux les mains vides. Ce double cadeau est l'accomplissement d'une promesse qu'il leur avait faite le soir du jeudi saint. « Je vous laisse la paix, je vous donne ma paix. Je ne vous la donne pas comme le monde la donne. Ne restez pas dans le trouble et dans la crainte ». Dans la pièce où ils s'étaient enfermés par peur des Juifs, les disciples entendent à deux reprises la salutation de leur Maître : « La paix soit avec vous ! » Voilà le premier cadeau de Pâques : la paix dans le Christ, la paix spirituelle. Et ce premier don est en fait inséparable du second : celui de l'Esprit Saint. Lorsque saint Paul mentionne le fruit de l'Esprit dans sa lettre aux Galates il cite d'abord l'amour, la joie et la paix. Et dans sa lettre aux Romains il souligne l'importance de cette paix venant du Christ dans l'Esprit : « Le Royaume de Dieu n'est pas une affaire d'aliments et de boissons, mais de vie droite, de paix et de joie dans l'Esprit Saint ». Voilà ce qui nous caractérise en tant que chrétiens. Au baptême et à la confirmation nous avons, nous aussi, reçu ce grand don de Pâques, le don du Saint Esprit avec la paix du Ressuscité. Le temps de Pâques est le moment privilégié pour reprendre conscience de cette réalité merveilleuse : nous sommes les temples de l'Esprit Saint et nous pouvons accueillir jour après jour la paix du Christ. L'accueillir non pas pour la garder pour nous mais pour la rayonner autour de nous en artisans de paix. Comment savoir que nous accueillons bien cette paix et que nous en vivons ? Dans les moments difficiles et dans les épreuves comme les contradictions inévitables de notre vie ici-bas. Si dans ces moments-là nous sommes capables de garder force, sérénité et espérance, c'est le signe évident que nous sommes habités par la paix du Christ. Si, aussi, nous refusons de répondre au mal par le mal, si nous écartons la vengeance, le ressentiment et la rancune. Si nous sommes capables de pardonner, alors oui nous sommes certains que notre cœur est ouvert à ce don merveilleux de la paix pascale.

Et cela m'amène naturellement à parler de l'envoi en mission qui accompagne le double don du Ressuscité : « De même que le Père m'a envoyé, moi aussi je vous envoie ». Et nous voyons que dans cette mission des premiers disciples l'acte de pardonner les péchés au nom du Ressuscité est essentiel. La mission de l'Eglise est bien une mission de paix dans le sens d'une réconciliation toujours offerte avec Dieu et entre nous. La vraie paix n'ignore ni les difficultés, ni la terrible réalité du mal, mais elle les assume par la force de la miséricorde divine et du pardon dont nous sommes les témoins et les ambassadeurs. La vraie paix nous fait passer de la fatalité à l'espérance, de la confrontation stérile au dialogue du salut. Dans un monde qui a tendance à remplacer le raisonnement, l'argumentation et le dialogue par les instincts et les sentiments, nous pouvons être menacés par l'impossibilité à communiquer et donc par la violence. La vraie paix, et je reprends ce que je disais au début, nous fait donc passer de la peur à la joie chrétienne. Je laisserai le mot de la fin au Catéchisme pour adultes des évêques de France :

Les défis d'aujourd'hui sont immenses, dans les domaines de la culture, de l'économie, de la politique, des questions nouvelles posées par le progrès accéléré des techniques, de la biologie à l'informatique. Ayant dépassé toute peur, les disciples du Christ mort et ressuscité peuvent retrouver la fierté de leur foi, dans une attitude d'humble confiance en Dieu et d'ouverture aux questions des hommes. Ils sont forts de la conviction d'être porteurs pour le monde d'un message d'espérance qu'ils ont à rendre crédible par leurs paroles et leurs comportements.

3ème dimanche de Pâques
Luc 24, 13-35
2011

Parmi les Evangiles de Pâques le récit des disciples d'Emmaüs en saint Luc est unique. Non seulement parce que seul saint Luc en fait le compte-rendu (saint Marc le mentionne en passant), mais en raison des témoins choisis ici par Jésus, trois jours après sa mort. Il s'agit en effet de deux disciples presque anonymes et dont nous ne connaissons l'existence qu'à travers ce récit. C'est une différence de taille avec les manifestations du Ressuscité aux saintes femmes et aux apôtres. Un passage de la première lettre de saint Paul aux Corinthiens nous rappelle cette diversité des témoins du Christ ressuscité :

« *Avant tout, je vous ai transmis ceci, que j'ai moi-même reçu : le Christ est mort pour nos péchés conformément aux Écritures, et il a été mis au tombeau ; il est ressuscité le troisième jour conformément aux Écritures, et il est apparu à Pierre, puis aux Douze ; ensuite il est apparu à plus de cinq cents frères à la fois - la plupart sont encore vivants, et quelques-uns sont morts - ensuite il est apparu à Jacques, puis à tous les Apôtres. Et en tout dernier lieu, il est même apparu à l'avorton que je suis.* »

Le fait que les disciples d'Emmaüs ne soient pas des disciples connus, le fait qu'ils soient de simples disciples sans faire partie du groupe des apôtres, nous les rend immédiatement très proches. Le seul dont nous connaissons le nom, Cléophas, n'est pas dans le calendrier des saints comme Marie-Madeleine, Pierre, Jean, Thomas ou encore Paul. Cette manifestation du Ressuscité à ces deux hommes peut donner lieu à des interprétations très riches et intéressantes. On peut faire, par exemple, une lecture sacramentelle de ce récit en y reconnaissant les deux parties principales de l'eucharistie : la liturgie de la Parole et la fraction du Pain.

Je voudrais en ce dimanche vous proposer deux points de méditation. Le premier concerne notre espérance chrétienne. Le second aborde la présence du Christ dans nos vies.

Les deux disciples quittent Jérusalem, ville sainte devenue pour eux ville maudite : lieu du supplice et de l'échec de leur Maître. C'est trop peu de dire qu'ils sont tout tristes. Ils sont découragés et désespérés. Le premier message de ce récit est paradoxal. Il est parfois bon pour nous de passer par le découragement et le désespoir. Car malgré tout leur amour pour Jésus, leur espérance était encore trop humaine, trop terre à terre, trop politique en un mot : il avait réduit la mission de Jésus et ne l'avait donc pas comprise. Comme si le Fils de Dieu était venu partager notre humanité, souffrir sa Passion et sa mort pour libérer Israël du pouvoir de l'occupant romain ! Quand nous passons nous-aussi par des moments de doute et de découragement, nous avons peut-être à nous poser la question suivante : Mon image de Dieu, ma représentation de Jésus est-elle vraiment chrétienne ? Est-elle fidèle à ce que la Parole de Dieu m'en révèle ? Mon espérance est-elle vraiment chrétienne ? Je vais donner un seul exemple pour illustrer cela. En Europe les chrétiens pourraient en effet être tentés par le découragement en regardant les statistiques : baisse de la pratique dominicale, baisse des vocations sacerdotales et religieuses, indifférence massive de nos contemporains à l'égard de la religion etc. En 1978 le bienheureux Jean-Paul II nous avait proposé un autre chemin que celui des lamentations, il nous avait dit : « N'ayez pas peur ! » En tant que disciples de Celui qui a accepté de passer par la mort de la Croix pour connaître la gloire de la résurrection il serait étrange que nous mettions notre espérance dans des statistiques. Il serait encore plus étrange que nous refusions une certaine forme de mort d'une manière de vivre le christianisme en Europe. Cela n'est certes pas réjouissant, c'est une épreuve pour nous, croyants. Mais si nous avions assez de foi, nous n'aurions pas peur et nous nous rappellerions la parole du Ressuscité à ses deux disciples :

« Vous n'avez donc pas compris ! Comme votre cœur est lent à croire tout ce qu'ont dit les prophètes ! Ne fallait-il pas que le Messie souffrît tout cela pour entrer dans sa gloire ? »

Ne rêvons plus d'être une majorité influente et puissante. Rêvons seulement d'être de véritables disciples du Christ, si possible toujours plus fidèles à sa Parole et donc toujours plus saints. Pour fonder son Eglise le Seigneur n'a pas recruté des troupes de propagandistes puissants et riches, mais il a choisi 12 hommes faibles et pauvres. Et c'est à partir de cette minorité apparemment insignifiante que la Parole de Dieu s'est répandue dans le monde entier.

Mon deuxième point de méditation me servira de conclusion et porte sur la présence du Christ dans le récit de Luc et dans nos vies. Mettons en parallèle le début et la fin de cet Evangile. Sur la route tout d'abord : Or, tandis qu'ils parlaient et discutaient, Jésus lui-même s'approcha, et il marchait avec eux. Mais leurs yeux étaient aveuglés, et ils ne le reconnaissaient pas. Dans l'auberge ensuite : Quand il fut à table avec eux, il prit le pain, dit la bénédiction, le rompit et le leur donna. Alors leurs yeux s'ouvrirent, et ils le reconnurent, mais il disparut à leurs regards. Jésus Ressuscité jouerait-il à cache-cache avec nous ? Il se rend présent aux disciples, ils ne le reconnaissent pas. Et quand enfin ils le reconnaissent, il disparaît ! La manière de faire du ressuscité nous rappelle qu'il est le Fils du Dieu caché. Nous ne pouvons pas mettre la main sur Dieu. Il demeure l'insaisissable. Et Jésus l'a fait aussi comprendre à Marie-Madeleine : Cesse de me tenir, je ne suis pas encore monté vers le Père. Va plutôt trouver mes frères pour leur dire que je monte vers mon Père et votre Père, vers mon Dieu et votre Dieu.

Oui, Jésus Vivant est présent à son Eglise et à chacun de ses disciples, particulièrement dans la célébration de l'eucharistie, dans la prière et l'annonce de l'Evangile. Mais nous ne pouvons jamais le posséder ou le retenir entre nos mains. C'est pour cette raison que nous serons toujours des chercheurs de Dieu. Un croyant qui oublierait cela serait dans l'illusion. Si Dieu se révèle et se cache à la fois, c'est pour faire grandir en nous le désir de la communion avec lui, c'est pour nous éviter d'avoir une espérance seulement humaine et réduite. L'absence apparente de celui que nous aimons peut blesser notre cœur du feu de l'amour divin. C'est ainsi que Dieu peu à peu, si nous sommes fidèles, transforme notre cœur de pierre en un cœur brûlant d'amour comme celui des disciples d'Emmaüs. La vie chrétienne est toujours en même temps une grâce et une épreuve car elle consiste à s'unir à celui qui en passant par la mort est devenu le Vivant.

4ème dimanche de Pâques
Dimanche de prière pour les vocations
Jean 10, 1-10
2008

Une fois par an l'Eglise nous rappelle l'importance des vocations spécifiques de prêtres, religieux, religieuses et missionnaires. Elle nous demande de prier ensemble et personnellement pour que les jeunes et les moins jeunes entendent l'appel du Père à donner leur vie à la suite du Christ. Et elle le fait en proposant à notre méditation un passage du chapitre 10 de saint Jean, chapitre consacré en grande partie à la parabole du Bon Pasteur. Cette année nous entendons le début de ce chapitre.
Jésus n'a pas inventé l'image du Bon Berger comme en témoigne le psaume 22 de cette messe dominicale. Il n'a fait que reprendre une image très courante dans l'Ancien Testament, image selon laquelle Dieu lui-même est le Bon Pasteur de son peuple Israël. Il faudrait reprendre dans ce contexte tout le chapitre 34 du prophète Ezéchiel. Ce chapitre commence par une condamnation des bergers d'Israël : « Malheur aux bergers d'Israël : des bergers qui prennent soin d'eux-mêmes ! N'est-ce pas du troupeau que le berger prend soin ? […] Faute de bergers, mes brebis se sont dispersées : une proie toute prête pour les bêtes sauvages. » Par Ezéchiel, Dieu annonce qu'il sera lui-même le Berger de son peuple : « Me voici, je suis là ! Je viens rechercher les brebis et c'est moi qui m'en occuperai, comme le berger s'occupe de son troupeau le jour où il se trouve au milieu de ses brebis en liberté. » En même temps Dieu suscitera un berger fidèle pour son peuple : « J'appellerai à leur tête un berger unique pour prendre soin d'elles, mon serviteur David. Lui sera leur berger. Moi, le Seigneur, je serai leur Dieu, et mon serviteur David sera prince au milieu d'elles. » Et le chapitre s'achève sur une image d'Alliance : « Vous êtes mon troupeau, les brebis de mon pâturage, et moi je suis votre Dieu – parole du Seigneur. » Ce passage d'Ezéchiel nous montre *la déception de Dieu face à des bergers indignes et infidèles*. La réponse du Seigneur est radicale : c'est Lui et Lui seul qui sera le Berger de son Peuple. Cependant il suscitera parmi les descendants de David un unique Berger qui lui sera fidèle. Comment ne pas voir dans le chapitre 10 de saint jean l'accomplissement de ces paroles prophétiques ? Jésus est bien cet unique Berger fidèle pour le troupeau du Seigneur. Et lorsqu'il affirme avec sévérité que ceux qui sont intervenus avant lui « sont tous des voleurs et des bandits » il fait allusion à tous ces bergers infidèles du passé. En reprenant l'image du Berger, Jésus lui apporte aussi une nouveauté. L'Ancien Testament parlait volontiers des pâturages, Jésus introduit la bergerie avec sa porte. *La bergerie est l'image du nouveau peuple de Dieu, l'Eglise*, la communauté des disciples du Christ. Il y a aussi une autre nouveauté par rapport à Ezéchiel. C'est *le rapport personnel qui existe entre le berger et chacune de ses brebis* : elles écoutent sa voix. « Ses brebis à lui, il les appelle chacune par son nom… Elles le suivent car elles connaissent sa voix. » Etre chrétien, ce n'est donc pas être un mouton dans un troupeau anonyme… Etre dans la

communion de l'Eglise-Bergerie ne doit pas nous entraîner à renoncer à notre unicité, à tout ce qui fait notre caractère et notre personne. Il est important de le noter quand nous pensons aux vocations. Il y a place dans l'Eglise pour la diversité des charismes et des talents. Dieu n'appelle pas des clones mais des personnes uniques avec ce qu'elles sont, avec leur histoire, pour bâtir son Royaume et prêcher l'Evangile en paroles et en actes. Avec Jésus comme Bon Pasteur nous sommes assurés de trouver enfin *notre véritable liberté*. La bergerie-Eglise n'est pas une prison : « Si quelqu'un entre en passant par moi, il sera sauvé ; il pourra aller et venir, et il trouvera un pâturage. » Pour être libre, il faut d'abord ne pas mourir de faim… Avec la liberté, Jésus, notre Bon Pasteur, nous offre *la nourriture : son corps eucharistique*. Et par-dessus toutes choses nous trouvons dans la bergerie *la vraie vie, la vie en abondance*. La parabole du Bon Pasteur a *un aspect missionnaire* dans la suite du texte : « J'ai d'autres brebis qui ne sont pas de cette bergerie. Celles-là aussi je dois aller les chercher et elles entendront mon appel ; elles ne feront plus qu'un seul troupeau avec un seul berger. »

De cette méditation nous pouvons tirer bien des enseignements sur ce que sont les vocations spécifiques dans notre Eglise. La vocation à être bon pasteur à la suite du Christ est toujours un don merveilleux. Lorsque le Christ appelle un jeune à être prêtre ou missionnaire, il lui donne les moyens d'un accomplissement humain inespéré. La vocation ne détruit pas notre liberté, elle l'accomplit. La vocation n'appauvrit pas notre personnalité, elle l'enrichit et lui fait porter tous ses fruits. Simplement l'accomplissement que permet le « oui » à notre vocation n'est pas de type égoïste. C'est un accomplissement dans l'amour et dans le don de soi. Etre appelé par le Christ c'est toujours une grâce, un chemin de bonheur. Certes les difficultés ne manquent pas et elles peuvent décourager bien des jeunes à répondre « oui »… Mais ce n'est pas propre aux prêtres, aux religieux, religieuses et missionnaires. Qui aujourd'hui peut prétendre que fonder une famille vraiment chrétienne, c'est facile ? La croix fait en effet partie de toute vie chrétienne. Quant à nous, nous avons cette joyeuse certitude : si Dieu appelle un baptisé à une vocation spécifique dans l'Eglise, il lui donnera tous les moyens humains et surnaturels pour répondre « oui » jour après jour dans la fidélité. Prions donc pour que la peur ne l'emporte pas dans le cœur des jeunes qui sont appelés à suivre le Christ Bon Pasteur. Demandons à l'Esprit Saint d'ouvrir leur cœur et leur intelligence ! Qu'ils comprennent que leur « oui » à cet appel les engage sur un chemin de bonheur véritable pour eux-mêmes et pour les brebis qui leur seront confiées…

5ème dimanche de Pâques
Jean 14, 1-12
2011

Dans ce temps liturgique entre Pâques et l'Ascension, l'Eglise nous fait entendre un Evangile situé avant l'événement de la résurrection. Nous nous retrouvons avec les apôtres autour de Jésus dans une atmosphère faite d'intimité et de questionnements. Le moment est solennel, le Seigneur sait que le lendemain il devra souffrir sa Passion. Ces paroles appartiennent donc au Testament du Seigneur. Et dans ce Testament il y a une annonce de la résurrection et de la vie que Jésus glorifié veut partager avec chacun d'entre nous: Dans la maison de mon Père, beaucoup peuvent trouver leur demeure ; sinon, est-ce que je vous aurais dit : Je pars vous préparer une place ? Quand je serai allé vous la préparer, je reviendrai vous prendre avec moi ; et là où je suis, vous y serez aussi. Dimanche dernier, Jésus s'est présenté à nous comme le Bon Berger venant en ce monde pour que nous ayons la vie en abondance. Cet Evangile brille déjà des lumières de Pâques. Ce Testament est rempli d'espérance.
Ces paroles, prononcées à l'occasion du dernier repas au cours duquel l'Eucharistie fut instituée, sont à la fois un appel et une révélation.
Avant de donner sa vie pour que nous ayons la vie en abondance le Seigneur Jésus nous lance un appel pressant : Croyez en moi comme vous croyez en Dieu. Au moment du doute et du questionnement, le Maître indique à ses disciples la seule force qu'ils ont à leur disposition, la force de la foi en Lui. Il les supplie : « Faites-moi confiance, car je suis le Fils de Dieu, l'envoyé du Père ». Il s'agit pour ces hommes qui ont tout quitté pour le suivre de le suivre jusqu'au bout. Il s'agit pour eux de remettre leur vie, leur espérance entre ses mains à Lui, entre ces mains qui demain seront clouées sur le bois de la croix, et qui sembleront impuissantes. Ces saintes mains qui n'ont cessé de faire le bien et de bénir. La suite montrera que cet appel à croire n'aura été que très peu entendu... Seul Jean était présent avec les saintes femmes au pied de la Croix. Notre foi en Jésus, Fils de Dieu, est une force qui nous permet de ne pas être paralysés par la peur : Ne soyez donc pas bouleversés. L'originalité de notre foi chrétienne se révèle justement dans la place unique et centrale de cet homme-Dieu nommé Jésus de Nazareth. Le chrétien ne se définit pas d'abord comme celui qui croit en Dieu, mais bien comme celui qui croit en Jésus Sauveur, révélation du Père pour nous. Nous ne sommes pas des déistes qui croient en une vague entité supérieure. Pour nous Dieu a un visage humain, et c'est celui de Jésus-Christ : Celui qui m'a vu a vu le Père. Comment peux-tu dire : 'Montre-nous le Père' ? Tu ne crois donc pas que je suis dans le Père et que le Père est en moi ! Oui, notre Dieu n'est pas abstrait, un être suprême très éloigné de nous, mais il est le Père de Jésus-Christ. Nous le contemplons dans la sainte Face de Jésus, visage tour à tour souriant, rayonnant de beauté intérieure, en pleurs, douloureux, humilié, bafoué, lumineux, glorieux, et resplendissant de la vie divine. Notre Dieu n'est pas d'abord un être transcendant, une généralité sans nom, mais une communion de personnes, c'est le mystère de la Sainte Trinité.

Cet homme unique qui nous sauve d'une vie absurde, sans espérance et privée de sens ultime, se révèle à nous comme le Chemin, la Vérité et la Vie. Au moment même où il va entrer dans la plus grande faiblesse et laisser bafouer en Lui, sans se plaindre ni se défendre, le Dieu vivant et vrai, il ose affirmer : « Je suis le Chemin, la Vérité et la Vie ».

Oui, Jésus Vivant, toi que nous célébrons en ce temps de Pâques, tu es pour chacun de nous le Chemin. Tu nous fais comprendre peu à peu que croire en Toi c'est un long chemin, avec ses étapes, ses peines et ses joies, jusqu'à la grande épreuve de la mort. Croire en Toi c'est essayer de mettre le chemin de nos vies en accord avec ta parole et tes exemples. Tu es la Vérité, une vérité qui nous rend libres de tout mal, une vérité qui nous fait avancer sans avoir peur, une vérité qui nous donne la joie de vivre. Tu es la plénitude de la vérité sur nous-mêmes et sur Dieu notre Père. Tu nous fais participer à ta vérité dans l'Eglise non pas pour que nous devenions des fanatiques utilisant ta vérité pour condamner et juger les autres. Mais bien pour que nous soyons les serviteurs de ce que tu nous donnes gratuitement, sans aucun mérite de notre part. Ô Jésus, apprends-nous à ne jamais séparer ta vérité de ton amour dans nos paroles, nos actes et nos pensées. Ta vérité a toujours le visage de la bonté, de la miséricorde et du pardon. Ô Jésus, tu es la Vie en surabondance, la vie de la Sainte Trinité communiquée à nos cœurs par le don de l'Esprit et par les sacrements. Donne-nous la force d'être les témoins de la valeur de toute vie humaine et de la beauté de notre vocation de fils de Dieu. Donne-nous le désir de faire grandir en nous ton visage et de révéler à nos frères leur beauté intérieure. Et pardonne-nous nos manques de foi en toi et dans nos frères.

6ème dimanche de Pâques
Jean 14, 15-21
2008

Les Evangiles du temps pascal, issus du discours de la dernière Cène en saint Jean, sont d'*une rare densité de contenu*.
A deux reprises dans ce passage du chapitre 14, le Seigneur Jésus met en rapport étroit l'amour que nous avons pour lui et la fidélité à ses commandements : « Si vous m'aimez, vous resterez fidèles à mes commandements. » « Celui qui a reçu mes commandements et y reste fidèle, c'est celui-là qui m'aime. » Ces deux enseignements du Seigneur parlent de réalités identiques mais dans un ordre différent, et c'est ce qui est intéressant pour nous. Dans le premier enseignement la fidélité aux commandements est la conséquence logique de notre amour pour le Christ. Dans le second la fidélité aux commandements est le signe, la preuve en quelque sorte, de notre amour pour le Christ. Nous avons ici le lien essentiel entre vie morale (les commandements) et vie spirituelle ou mystique (l'amour du Christ). *Dans le christianisme la morale n'est jamais première*. Et si elle est importante c'est uniquement dans le contexte de notre rapport vivant avec le Christ Ressuscité. *En même temps notre vie spirituelle ne peut être désincarnée*, d'où la juste place de la morale qui va nous permettre de faire passer dans nos actes et dans nos choix cette relation vivante que nous entretenons avec le Seigneur. Quels sont donc ces commandements ? Eh bien la morale chrétienne est simple comme Dieu lui-même est simple. Jésus a tout résumé dans le double commandement de l'amour envers Dieu et de l'amour envers le prochain. On pourrait dire que notre amour pour Dieu passe inévitablement par l'amour du prochain.
Un deuxième point d'attention dans cet Evangile concerne la promesse de l'Esprit de vérité : le Don de l'Amour du Père et du Fils. Les catéchismes issus de Vatican II ont insisté pour dire que notre vie morale est d'abord une vie dans l'Esprit et selon l'Esprit, donc une vie spirituelle. Sans l'Esprit Saint nous ne pouvons pas vivre les commandements de Jésus. Nous pouvons certes avoir une vie honnête, respecter quelques bonnes règles de conduites… Mais seul l'Esprit nous apprend à aimer comme Jésus, c'est-à-dire divinement. La vie morale du chrétien va bien au-delà de la vie selon la conscience morale. La charité exige davantage que la simple loi naturelle issue des dix commandements transmis par Moïse. Jésus promet donc à ses apôtres et à travers eux à toute l'Eglise le Don de l'Esprit de vérité. Il sera *pour toujours avec nous, auprès de nous et en nous*. Notons bien la progression du discours. Le Don de l'Esprit prolongera jusqu'à la fin des temps la logique de l'incarnation. A partir de l'Ascension le Seigneur sera invisible à nos yeux de chair, sa présence sera vécue sous le mode paradoxal d'une certaine absence… C'est donc l'Esprit qui, en nous, témoignera du Christ Ressuscité et nous fera communier avec lui par l'amour de charité. A Noël, Dieu se rend en quelque sorte intérieur à notre humanité en nous donnant sa Parole. A la Pentecôte, c'est le même Dieu qui se rend intérieur à nous en nous donnant son Souffle, son Esprit Saint. Cet enseignement de l'Evangile doit nous

faire comprendre d'une manière nouvelle la transcendance de Dieu. Lorsque nous disons que Dieu est transcendant, nous voulons signifier par là qu'il n'est pas une créature, sa différence radicale d'avec tout ce qui existe dans la Création. Bref seul Dieu est Dieu. Seul Dieu est Saint. En même temps nous savons depuis l'incarnation que Dieu n'est pas un être lointain, un être extérieur, sur un nuage, là-haut dans le Ciel, bien au-dessus de nous. Tout en étant radicalement différent de nous, *notre Dieu par le Christ et dans l'Esprit se fait intérieur à chacun, à chacune d'entre nous*. C'est un peu cela la grâce divine, et particulièrement la grâce sacramentelle. Si le christianisme n'est pas un moralisme nous l'avons vu, il n'est pas davantage une religion de l'extériorité... Dans notre foi chrétienne tout tend à nous ramener vers notre intériorité, lieu de la présence et de l'action des Personnes divines. D'où l'importance encore une fois de la vie spirituelle et par conséquent de la prière.

« *En ce jour-là, vous reconnaîtrez que je suis en mon Père, que vous êtes en moi, et moi en vous.* » Cette inhabitation réciproque entre nous et la Sainte Trinité est nourrie au plus haut point par la communion eucharistique. Elle n'est possible que par l'exercice constant et inlassable de la vertu de charité : « *Celui qui m'aime sera aimé de mon Père... Moi aussi je l'aimerai.* » Quel mystère étonnant que celui d'un Dieu dont le cœur est si sensible à l'amour de ses créatures ? En ces jours préparatoires à la Pentecôte, demandons à l'Esprit de Dieu de toucher nos cœurs de pierre et de désensabler en nous les sources vives de l'amour ! Que nous ayons cette joie que nul ne pourra nous ravir, cette joie d'être toujours plus présents à la présence aimante de Dieu en nous !

Ascension du Seigneur
Matthieu 28, 16-20
2008

Pour dire l'unique mystère de l'Ascension les lectures bibliques de cette messe utilisent des expressions variées et différentes : enlevé au ciel, s'élever, disparaître aux yeux des disciples dans une nuée, assis à la droite du Père dans les cieux etc. Nos professions de foi n'ont retenu que deux de ces formulations bibliques : monter au ciel et s'asseoir à la droite du Père.

Nous pourrions penser que l'Ascension ferme d'une certaine manière la belle parenthèse de l'incarnation. Ou pour le dire autrement : dans l'histoire de l'Alliance entre Dieu et les hommes l'incarnation, la vie de la Parole de Dieu sur notre terre, se limiterait à une belle parenthèse. L'expression « monter au ciel » est en effet trompeuse et pourrait nous laisser penser qu'après l'Ascension les relations entre Dieu et ses créatures retourneraient à la situation d'avant Noël... Nous savons bien que cette conception est fausse. Cela valait cependant la peine de la signaler pour bien mettre en relief ce qu'est le mystère de l'Ascension. Comme je le dirai dans la préface de cette messe, le Christ ressuscité « ne s'évade pas de notre condition humaine mais en entrant le premier dans le Royaume, il donne aux membres de son corps l'espérance de le rejoindre un jour. » Le Christ ressuscité monte donc au ciel avec son humanité, notre humanité. L'Ascension n'est pas la fin de l'incarnation, elle en est plutôt l'accomplissement. Ce mystère nous montre justement le but de notre vie de disciples, le pourquoi de l'Eglise : que toutes les créatures humaines, et à travers elles tout le cosmos, puissent vivre la plénitude de la communion avec Dieu Trinité.

Le père Domergue utilise une très belle expression pour dire ce qui se passe au moment de l'Ascension : « Nous ne voyons plus le Christ parce qu'il a cessé de nous être extérieur. » L'Ascension est donc un approfondissement extraordinaire de ce qui est advenu à Noël, pas une négation de l'incarnation. En ce sens la formulation de saint Luc dans la première lecture est sans doute la moins piégée de toutes : *ils le virent « disparaître à leurs yeux dans une nuée. »* Oui, l'Ascension marque ce moment particulier dans la vie de l'Eglise naissante où le Christ Ressuscité devient invisible aux yeux de chair des disciples. Et de ce point de vue l'expérience de saint Paul est très intéressante. Contrairement aux autres apôtres il n'a pas fréquenté le Seigneur Jésus durant le temps de son ministère sur notre terre. C'est le Seigneur qui s'est manifesté à lui dans une vision en lui donnant le don de la conversion et de la vocation d'apôtre des païens. Lorsqu'il s'adresse aux Corinthiens, Paul se met dans le groupe de ceux qui ont connu Jésus avant l'Ascension : « *Aussi nous ne considérons plus les gens selon les critères humains ; même le Christ, si nous l'avons connu dans son existence humaine, nous ne devons plus le connaître ainsi.*[40] » Ce « nous » est bien sur une figure littéraire pour capter l'attention de ses lecteurs. Relevons l'intérêt de cette citation pour nous : d'après Paul désirer connaître le Christ à la manière des

---

[40] 2 Corinthiens 5, 16

apôtres ce serait non pas un progrès mais une régression. « *Nous ne devons plus le connaître ainsi.* » En effet par son Ascension le Christ a cessé de nous être extérieur. Ce n'est pas parce que nous le voyons plus avec nos yeux de chair qu'il ne nous est plus présent. C'est tout le contraire qui est vrai : « Et moi, je suis avec vous tous les jours jusqu'à la fin du monde. » *Avant son Ascension*, le Seigneur était présent à un seul peuple, sur une seule terre : Israël, et ce pendant les trois années de son ministère public. *A partir de l'Ascension* la présence du Ressuscité est universelle : pour tous les peuples et dans toutes les nations. Il faut donc dire qu'*avec l'Ascension et la Pentecôte la présence du Seigneur à son Eglise et au monde est encore plus forte.* La question des disciples sur la Royauté en Israël montre la pesanteur spirituelle de ces hommes… Le Seigneur leur annonce alors le don de l'Esprit, force pour témoigner jusqu'aux extrémités de la terre ! C'est par le don de l'Esprit que la présence de Jésus ressuscité se fera intérieure à chacun des membres du corps ecclésial. Quant à la finale de l'Evangile de Matthieu, elle reprend, elle aussi, le thème de la mission universelle des disciples : « De toutes les nations faites des disciples. » Et c'est d'une logique imparable ! *Si vraiment le Christ ressuscité, assis à la droite du Père, est universellement présent à notre monde, et non plus seulement à Israël, il faut que la mission de l'Eglise soit, elle aussi, universelle.*

Fêter l'Ascension, c'est donc célébrer la présence du Ressuscité dans son Eglise et dans nos cœurs de baptisés ; c'est aussi quitter notre esprit de clocher, j'allais dire notre nationalisme religieux, *pour, au souffle de l'Esprit, nous ouvrir à la mission universelle de l'Eglise.* Tous selon notre charisme et notre vocation nous sommes responsables de cette mission, porteurs d'une Bonne Nouvelle vraiment catholique !

7ème dimanche de Pâques
Jean 17, 1-11
2008

Le 7ème dimanche de Pâques nous prépare plus directement à la fête de Pentecôte. Chaque année l'Eglise offre à notre méditation *un passage du chapitre 17 de saint Jean*. Aujourd'hui nous avons entendu le commencement de cette longue prière que Jésus adresse à son Père avant d'entrer dans sa Passion. Cet Evangile n'est pas facile à comprendre car son vocabulaire est particulier, propre au quatrième évangéliste.

Un verbe qui revient très souvent tout au long de cette prière c'est le verbe « donner ». Le Père donne au Fils et le Fils donne aux disciples. Dieu est donc celui qui donne, celui qui se donne. Et même si l'Esprit Saint n'est pas mentionné dans ce chapitre, comment ne pas penser à la promesse de Jésus dans les chapitres précédents ? « Moi, de mon côté, *je demanderai au Père de vous donner un autre Protecteur* qui sera pour toujours avec vous. C'est l'Esprit de vérité que le monde ne peut recevoir, car il ne le voit pas et ne le connaît pas. Mais vous, vous le connaissez, puisqu'il est avec vous et demeure en vous.[41] » Nous pouvons retrouver dans la prière de Jésus une allusion à ce don de l'Esprit de vérité : « Je me consacre pour eux, de façon qu'eux aussi soient consacrés dans la vérité. » C'est par sa Passion que Jésus va se consacrer pour ses disciples, et c'est du crucifié que va jaillir sur l'Eglise naissante le Don par excellence, le Don de l'Esprit : « Tout est accompli » ; « Il inclina la tête et il remit l'esprit.[42] »

Dans l'Evangile de cette liturgie, une expression revient souvent dans la bouche du Seigneur : « ceux que tu m'as donnés. » Qui sont-ils donc ces hommes que le Père a donnés à son Fils ? Ces hommes qui ont été pris dans le monde pour être donnés à Jésus ? La prière du Seigneur nous donne la réponse : ces hommes, ce sont d'abord les apôtres en présence desquels le Seigneur prie la veille de sa mort. Les Douze, pierres de fondation de l'Eglise, sont donc un don du Père à son Fils. Ces hommes sont des hommes de foi : ils ont reçu les paroles du Père par le Fils. « Ils ont vraiment reconnu que je suis venu d'auprès de toi, et ils ont cru que c'était toi qui m'avais envoyé. » Jésus prie donc pour ceux qui lui ont été donnés par le Père, et ce sont d'abord les apôtres. Mais dans la suite de sa prière il dit à son Père : « Je ne prie pas seulement pour eux mais pour ceux qui croiront en moi grâce à leur parole. » Bref la prière du Seigneur s'élargit de manière universelle dans le temps comme dans l'espace : il prie pour tous les chrétiens, donc aussi pour nous ; nous qui faisons partie de ces hommes qui ont été donnés à Jésus par son Père. *« Ceux que tu m'as donnés »* : cette expression pourrait nous faire penser à *une prédestination*, comme si Dieu en choisissait certains pour être sauvés, et en laissaient d'autres... En fait il s'agit plutôt d'*une élection*. De la même manière qu'autrefois Dieu avait choisi parmi les peuples le peuple d'Israël ; de la même manière, en ces temps qui sont les derniers, il donne à son Fils des hommes pour constituer le nouveau peuple de l'Alliance, l'Eglise, dont les pierres de fondation sont les apôtres. Il faudrait mettre en parallèle ce chapitre de saint Jean avec le commencement de la lettre de Paul aux Ephésiens : En Jésus, Dieu « nous a choisis avant la création du monde pour être devant lui saints et sans tache. [...] C'est ainsi qu'en lui nous avons été choisis ; Celui qui agit en tout selon sa libre volonté, avait en effet décidé de nous mettre à part. [...] C'est là le premier acompte de notre héritage (le don de l'Esprit), dans l'attente d'une délivrance pour le peuple que Dieu s'est donné pour sa louange et pour sa gloire.[43] » Nous percevons bien un même vocabulaire théologique chez Paul et chez

---

41   Jean 14, 16.17

42   Jean 19, 30

43   Ephésiens 1, 4. 11. 14

Jean. Cette élection du peuple nouveau serait-elle en contradiction avec la volonté de Dieu de sauver tous les hommes dans le Christ ? Non, car cette élection, ce choix divin, est en vue de la mission universelle de l'Eglise : « Comme tu m'as envoyé dans le monde, moi aussi je les envoie dans le monde. » Face au Christ Sauveur, c'est la foi qui va partager l'humanité en deux. Ce qui ne signifie pas pour autant que tous les incroyants seront privés du salut apporté par le Christ...

D'ailleurs une autre expression de cette prière évoque la mission universelle du Seigneur, bien au-delà de ceux qui lui ont été donnés par le Père : « Tu lui a donné autorité sur tout être vivant. » Ici, c'est à *la Genèse*, le premier livre biblique, que nous devons nous référer : « Ayez autorité sur les poissons de la mer, les oiseaux du ciel et tous les animaux qui vont et viennent sur la terre ![44] » Adam reçoit du Créateur l'autorité sur le monde animal. Jésus, nouvel Adam, reçoit de son Père l'autorité sur notre humanité défigurée par le péché et par le mal, pour l'introduire dans le Royaume de Dieu, inauguré par l'Eglise catholique.

---

44   Genèse 1, 28

Pentecôte
Jean 20, 19-23
2008

Au terme du temps pascal nous célébrons chaque année la manifestation de l'Esprit à l'Eglise naissante. Cette manifestation est un accomplissement : Jésus nous a révélé que Dieu est Amour, que l'être même de Dieu est trinitaire. Avec la Pentecôte, c'est le mystère de Dieu Trinité qui est enfin pleinement révélé. Et ce n'est pas un hasard si le dimanche qui suit la Pentecôte est une célébration de la Sainte Trinité…
L'Evangile de Jean situe le don de l'Esprit le soir même de Pâques alors que les Actes des Apôtres parlent de ce même don le 50ème jour après Pâques. Cette variété de point de vue dans le Nouveau Testament peut nous renvoyer *au lien entre le baptême et la confirmation*. Oui, l'Esprit est déjà donné au baptême. En même temps nous avons besoin de la confirmation pour accueillir ce don en plénitude et l'approfondir… Ce qui signifie au fond que l'Esprit de Dieu n'est jamais donné une fois pour toutes en un instant précis. Souvenons-nous des paroles de Jésus à Nicodème : « Le vent souffle où il veut ; et sa voix, tu l'entends, mais tu ne sais d'où il vient, ni où il va : ainsi en est-il de quiconque est né de l'Esprit[45]. » Le don de l'Esprit se situe donc dans notre histoire personnelle. Et si le baptême et la confirmation en constituent des étapes essentielles, c'est chaque jour que nous avons à accueillir la manifestation de l'Esprit dans nos vies, sa présence humble et discrète. Par les sacrements nous recevons vraiment ce don de l'Esprit. Mais les sacrements ne font pas de nous des propriétaires de l'Esprit de Dieu ! Nul ne peut dire : je possède l'Esprit Saint, pas même le pape ! C'est le contraire qui devrait se vérifier dans une vie chrétienne authentique : *je suis « possédé » par le Saint Esprit*, c'est-à-dire : je me dispose à l'accueillir, je désire sa venue en moi et j'essaie de me laisser guider par Lui. Même l'Eglise ne possède pas le Saint Esprit. Elle a simplement l'assurance d'être toujours assistée par Lui dans son pèlerinage sur terre.
Le psaume 103 comme l'Evangile utilise la belle image du souffle pour nous parler de l'Esprit de Dieu. Cela rejoint d'ailleurs le violent coup de vent de la première lecture. Dans ce contexte il est intéressant de partir du psaume de cette messe : « Tu reprends leur souffle, ils expirent et retournent à leur poussière. Tu envoies ton souffle : ils sont créés ; tu renouvelles la face de la terre. » L'Esprit participe déjà à la création. Notre vie humaine naturelle ne peut être sans l'activité de l'Esprit. Le retour à la poussière mentionné par le psaume est une conséquence du péché originel. Notre mort est bien ce moment où le souffle nous est enlevé. Et le livre de l'Ecclésiaste décrit d'une manière poétique les difficultés de la vieillesse lorsque le souffle vient à nous manquer : « Quand on redoute la montée et qu'on a des transes en chemin… tandis que l'homme s'en va vers sa maison d'éternité.[46] » L'Esprit Créateur est donc le souffle de vie. Avec le mystère pascal Dieu vient faire une création nouvelle, il vient nous libérer de la malédiction issue du péché originel. C'est par sa Parole et par

---

[45] Jean 3, 8

[46] Ecclésiaste 12, 5

son Souffle que le Père a créé toutes choses, c'est aussi par son Verbe et par son Esprit qu'il recrée toutes choses. Et cela d'une manière paradoxale pour notre raison humaine. *Car c'est par la mort du Verbe fait chair sur la Croix que l'Esprit va être donné en vue de la création nouvelle.* La mort de Jésus n'est pas un point final, elle est au contraire un accomplissement : « Tout est achevé ! » Et cet accomplissement se manifeste par la transmission de l'Esprit : « Inclinant la tête, il remit l'esprit.[47] » Ce verset de Jean signifie d'abord la mort de Jésus, mais aussi le don de l'Esprit. La Bible latine de la néo-vulgate dit : *« Tradidit Spiritum ».* Et du calvaire au soir de Pâques, c'est un même mystère qui s'accomplit : « Il répandit sur eux son souffle et il leur dit : 'Recevez l'Esprit Saint' ». Si l'Esprit de vie peut recréer la création déchue, c'est bien parce que le pardon des péchés est offert : une vie nouvelle, la vie surnaturelle des enfants de Dieu, peut désormais commencer au sein de l'Eglise.

Ceux qui font du sport, du footing par exemple, savent l'importance du souffle, de la respiration en vue d'une bonne performance. Ils savent aussi qu'une surcharge pondérale est mauvaise pour leur activité… de même qu'une alimentation déséquilibrée… L'Esprit de vie est notre souffle intérieur. C'est lui le guide et le maître de toute notre activité spirituelle et chrétienne. Par notre liberté nous devons donner au Souffle de Dieu la possibilité d'agir en nous sans entraves. Si nous sommes alourdis par le poids de nos péchés et de nos préoccupations terrestres et matérielles, nous aurons bien du mal à courir dans les voies du Seigneur, nous nous essoufflerons… Si nous ne recevons pas régulièrement avec amour le Pain de Vie dans l'Eucharistie, nos muscles spirituels perdront leur force et leur vigueur. Bref pour bien courir avec le souffle de l'Esprit jusqu'à la vie bienheureuse avec Dieu, ayons la volonté de nous laisser réconcilier régulièrement avec le Seigneur et de nous nourrir du Pain de Vie chaque dimanche.

---

47   Jean 19, 30

La Sainte Trinité
Jean 3, 16-18
2011

Il y a dans notre année liturgique une grande cohérence. Ce n'est donc pas par hasard que la célébration de la Sainte Trinité se situe après le dimanche de la Pentecôte. Avec le mystère pascal, culminant à la Pentecôte, Dieu nous a tout donné : son Fils, son Esprit, l'Eglise et les sacrements. La Pentecôte marque l'accomplissement de la révélation divine. Nous n'avons à attendre aucune révélation nouvelle. Tout est dit depuis que le Père nous a envoyé sa Parole et son Esprit. Et c'est avec l'assistance du Saint Esprit que l'Eglise, tout au long de son pèlerinage sur la terre, ne cesse d'approfondir le mystère de Dieu et celui de notre salut. Les premiers siècles du christianisme n'ont pas été de tout repos. De nombreuses querelles dogmatiques autour de la personne du Christ et donc de la nature même de Dieu ont divisé les premiers chrétiens. Et c'est au terme de cette recherche théologique initiale que l'Eglise, sous la conduite de l'Esprit Saint, a pu de mieux en mieux préciser sa foi en Dieu Trinité. Si bien qu'il n'est pas exagéré de dire que la foi en la Trinité est le centre et le sommet de toute la révélation chrétienne. Un chrétien ce n'est pas simplement celui qui reconnaît l'existence de Dieu dans sa vie, mais bien celui qui reçoit la révélation que Dieu est Trinité. C'est cette révélation que le grand savant et penseur français Blaise Pascal eut la grâce de recevoir le 23 novembre 1654. Au cours d'une expérience mystique qui dura deux heures, il comprit par le cœur, de l'intérieur, la différence entre le Dieu des philosophes et le Dieu de Jésus-Christ, et il la consigna dans un texte nommé le mémorial. C'est la seconde conversion de Pascal.
« *Feu. Dieu d'Abraham, Dieu d'Isaac, Dieu de Jacob, non des philosophes et des savants. Certitude, certitude, sentiment, joie, paix. Dieu de Jésus-Christ* ».
Les textes de la Parole de Dieu nous montrent le vrai visage du Dieu de Jésus-Christ, et il est frappant de constater la continuité entre la première Alliance et l'Alliance nouvelle et définitive. Dieu se révèle en effet à Moïse comme « *le Seigneur, Dieu tendre et miséricordieux, lent à la colère, plein d'amour et de fidélité* ». Dans l'Evangile, Jésus lui-même nous parle de son Père, ce Père qui nous aime. L'amour de Dieu notre Père n'est pas là pour nous enfoncer dans la culpabilité et la honte, il n'est pas là pour nous condamner. C'est un amour qui sauve et qui relève, un amour qui veut sans cesse nous redonner notre dignité de fils et de filles de Dieu. Quant à saint Paul il promet aux chrétiens qui vivent selon l'Evangile la présence du *Dieu d'amour et de paix*. Saint Jean résumera dans une formule lapidaire tout le mystère de Dieu : *Dieu est Amour*.
Nous sommes baptisés au nom du Père, du Fils et du Saint-Esprit. En tant que chrétiens nous croyons au Dieu trois fois Saint. Mais pour que cette foi en la Trinité soit vivante, il faut que d'une manière ou d'une autre nous en ayons fait l'expérience personnelle, un peu à la manière de Pascal et de tant d'autres chrétiens émerveillés en présence du mystère de Dieu. Autrement nous risquons d'avoir une foi en un Dieu abstrait et lointain, en quelque sorte une idée inaccessible de la perfection. Nous

risquons bien d'être déistes davantage que chrétiens. C'est le rôle du Saint Esprit que de nous aider à entrer dans le mystère de Dieu non seulement avec notre intelligence mais aussi avec notre cœur, c'est-à-dire dans une relation d'amour avec le Dieu Trinité et avec chacune des personnes divines. Nous avons deux lieux privilégiés pour vivre notre foi en la Trinité : la prière personnelle et le service du prochain dans la charité. Dire que Dieu est Trinité, c'est affirmer que Dieu en lui-même est don d'amour, circulation, échange de vie et d'amour entre les trois personnes divines. Et la manifestation en Dieu de cet amour c'est la personne du Saint Esprit, lien de charité entre le Père et le Fils. L'être de Dieu ne se définit pas d'abord par l'éternité ou encore la toute-puissance. Cela nous le retrouvons dans le dieu des philosophes. L'être de Dieu se définit par la perfection de l'amour en Lui. Lui seul est Dieu parce que Lui seul est capable de se donner à un tel point. S'il est créateur et sauveur, c'est en raison de son identité profonde. Nous comprenons alors que c'est lorsque nous nous donnons par amour à Dieu et à notre prochain que nous nous ouvrons le mieux au mystère de la Sainte Trinité. Dans une époque marquée par le divertissement, l'agitation et le bruit, il nous est bon dans le silence extérieur et intérieur, le silence du cœur, de nous mettre en présence du Dieu Trinité. La qualité de notre vie humaine et chrétienne dépend essentiellement de la vérité de notre relation avec ce Dieu qui n'est pas un Dieu solitaire mais un Dieu communion. Dans une époque où beaucoup s'isolent dans leur bulle croyant y trouver le bonheur, notre foi en la Trinité nous rappelle l'importance des relations entre nous. Le bonheur en Dieu se vit dans l'ouverture et le don de chacune des personnes divines. Le bonheur consiste pour chacun de nous à passer du statut d'individu à celui de personne, donc d'être en relation. Contempler le mystère des personnes divines et en vivre, cela nous fait avancer sur ce chemin d'humanisation et de divinisation. Je laisserai à la carmélite Elisabeth de la Trinité le mot de la fin :

« Il me semble qu'au ciel, ma mission sera d'attirer les âmes en les aidant à sortir d'elles pour adhérer à Dieu par un mouvement tout simple et tout amoureux, et de les garder en ce grand silence du dedans qui permet à Dieu de s'imprimer en elles, de les transformer en Lui-même. »

Fête du Saint-Sacrement
Jean 6, 51-58
2005
(profession de foi à Caderousse)

Chers jeunes, vous faites aujourd'hui votre profession de foi, et c'est donc un jour de grande fête pour la communauté chrétienne de Caderousse. Dans l'Eglise, ce dimanche est aussi la fête du Saint-Sacrement du Corps et du Sang du Christ.
En vous adressant la parole de manière toute particulière à l'occasion de cette étape importante de votre vie chrétienne, j'aimerais vous poser une question... Une question toute simple mais qui peut vous aider à poursuivre la réflexion qui est la vôtre en groupe d'aumônerie. De quoi avez-vous besoin ? Qu'est-ce qui est important pour vous ? Vous me répondrez probablement : j'ai besoin d'une maison, j'ai besoin de me nourrir et d'avoir des habits, j'ai besoin d'apprendre des choses à l'école, j'ai besoin d'une famille dans laquelle je me sens accueilli et aimé, j'ai besoin d'avoir de bons copains et de bonnes copines etc. Tout cela est vrai, vous avez besoin de tout cela pour grandir et vous développer jusqu'à l'âge adulte. Et nous aussi, adultes, nous avons besoin de tout cela, même si nous n'allons plus à l'école depuis longtemps ! Nous avons toujours besoin d'apprendre et de découvrir de nouvelles choses ! Peut-être certains parmi vous me diront avec justesse : mais vous avez oublié quelque chose dans votre liste ! Oui, j'ai oublié de dire que vous avez besoin de Jésus et de Dieu pour vivre ! Tous, nous avons besoin, que nous soyons enfants, jeunes ou adultes, de vivre de l'amour de Dieu. C'est ce que rappelle Moïse au peuple d'Israël dans la première lecture :
« Pour te faire découvrir que l'homme ne vit pas seulement de pain, mais de tout ce qui vient de la bouche du Seigneur ».
Voulez-vous une preuve de la vérité de cette parole de la Bible ? Nous connaissons tous par les magazines ou la télévision des stars du cinéma ou de la chanson. Ces personnes sont généralement très riches et très célèbres. Elles ne manquent de rien pour vivre, du moins en apparence. Or il arrive que certaines stars soient tristes, déprimés. Malheureusement certaines stars vont jusqu'à se suicider. Pourquoi donc ? Parce que les richesses ne suffisent pas à rendre l'homme heureux. Dieu nous a donné un cœur capable d'aimer et fait pour être aimé. Les richesses ne remplaceront jamais l'amitié, l'amour véritable entre un homme et une femme, et surtout l'amour de Jésus. Oui, pour vivre vraiment heureux nous avons besoin de tout ce qui vient de la bouche du Seigneur.
Nous avons besoin de connaître sa Parole dans la Bible et surtout dans les Evangiles. Nous avons encore plus besoin de recevoir chaque dimanche le pain vivant, qui est descendu du ciel : le Seigneur Jésus présent et vivant dans l'hostie, sous l'apparence d'un peu de pain. Votre foi est un grand cadeau de Dieu. Vous en avez de la chance de pouvoir dire aujourd'hui : je crois en Dieu qui est Amour, Communion du Père, du Fils et de l'Esprit-Saint ! Je crois en Dieu qui me fait vivre. Mais votre foi a besoin de nourriture pour grandir et se fortifier, comme votre corps a besoin de nourriture pour

ne pas mourir de faim. Cette nourriture de votre foi, c'est Dieu qui vous la donne gratuitement dans le Corps de son Fils offert en communion à chaque messe. Si vous voulez que votre foi soit belle et solide, nourrissez-vous de tout ce qui vient de la bouche du Seigneur. En priant chaque jour dans le secret de votre cœur. Mais aussi en priant chaque dimanche avec les autres chrétiens au cours de la messe. Recevoir le corps du Christ en communion, c'est déjà un peu du paradis sur notre terre.
« Celui qui mange ma chair et boit mon sang demeure en moi, et moi je demeure en lui ».
En proclamant aujourd'hui votre foi, pensez que vous n'êtes jamais seul : Jésus vient habiter votre cœur, Il est le meilleur ami, l'ami toujours fidèle, plein d'amour et prêt à nous pardonner nos fautes. Voulez-vous l'aimer de tout votre cœur, voulez-vous demeurer en Lui, c'est-à-dire être toujours avec Lui dans la communion de l'amour ? C'est à vous maintenant de répondre par toute votre vie à cette grande question…

10ème dimanche du temps ordinaire
Matthieu 9, 9-13
2005

Il est émouvant d'entendre le récit de la vocation de Matthieu... écrit par Matthieu lui-même ! L'évangéliste ne s'attarde pas sur cet appel de Jésus qui a changé sa vie, et a fait de lui non seulement un disciple mais aussi un apôtre du Seigneur. Il insiste davantage sur les réactions suscitées par l'attitude de Jésus.
Et ces réactions proviennent d'un groupe de personnes qui nous est familier lorsque nous lisons les Evangiles : *les pharisiens.*
« Voyant cela, les pharisiens disaient aux disciples : 'Pourquoi votre Maître mange-t-il avec les publicains et les pécheurs ?' ».
Les pharisiens avaient tendance à diviser les Juifs en deux groupes bien distincts : d'un côté, les publicains et les pécheurs ; de l'autre, les gens biens, c'est-à-dire eux-mêmes ! Matthieu, en tant que publicain, appartenait à cette catégorie de personnes jugées infréquentables. Les pharisiens quant à eux se considéraient comme l'élite religieuse de la nation juive. L'esprit religieux des pharisiens se caractérisait donc par un sentiment de supériorité, souvent proche de l'orgueil, et par un manichéisme qui divisait l'humanité en justes et en pécheurs. Nous savons bien par expérience que nous ne sommes pas à l'abri de ces tentations pourtant grossières. En tant que catholiques nous pourrions nous considérer comme « les meilleurs ». Et à l'intérieur même de l'Eglise nous pouvons rencontrer cet esprit pharisien lorsque telle communauté, telle tendance, telle sensibilité prétendent incarner l'élite du christianisme, bien sûr toujours aux dépens des autres, la plupart du temps regardés de haut, que ce soit de manière consciente ou inconsciente... Il était inévitable, dans le contexte de l'époque, que Jésus choque l'esprit religieux des pharisiens en allant jusqu'à s'attabler avec ceux qui étaient considérés comme des pécheurs, en osant appeler à sa suite Matthieu le publicain. D'où la question posée aux disciples : « Pourquoi ? ».
La réponse de notre Seigneur porte sur deux points essentiels. Tout d'abord il rappelle le pourquoi de sa présence au milieu des hommes, le but de l'incarnation :
« *Ce ne sont pas les gens bien portants qui ont besoin du médecin, mais les malades. [...] Je suis venu appeler non pas les justes, mais les pécheurs* ». Jésus se révèle ici comme le Sauveur, comme le divin médecin des âmes. Plus profondément, il révèle aux pharisiens leur propre aveuglement : en se considérant « justes », ils s'excluent d'une rencontre véritable avec le Christ, le Messie. Ils oublient ce que le premier livre de la Torah, le livre de la Genèse, enseigne avec tant de clarté : depuis la désobéissance d'Adam et Eve nous ne sommes plus dans l'amitié avec Dieu, donc nous sommes tous pécheurs, ne serait-ce qu'à cause du péché originel ! La vertu d'humilité, le réalisme spirituel nous font comprendre de manière intérieure cette vérité biblique. Il n'est pas nécessaire d'avoir tué père et mère pour être pécheur ! C'est l'orgueil qui aveugle les pharisiens au point de leur faire croire qu'ils

appartiennent à une élite de justes. C'est encore l'orgueil qui remplit leur cœur de mépris pour ceux qu'ils classent parmi les pécheurs.
« Allez apprendre ce que veut dire cette parole : 'C'est la miséricorde que je désire, et non les sacrifices' ».
En citant le prophète Osée, notre première lecture, Jésus approfondit son enseignement. Il vient de dire qu'il est venu pour sauver les pécheurs. Maintenant il rappelle ce que Dieu notre Père attend de chacun de nous. Certainement pas un mépris orgueilleux à l'égard de notre prochain, mais bien la miséricorde. Tous nous avons besoin de la miséricorde divine, car tous nous sommes pécheurs. *Offrir à Dieu le sacrifice d'action de grâce* pour son pardon, n'est-ce pas en premier lieu nous montrer miséricordieux à l'égard de notre prochain ? Dieu ne désire pas les sacrifices... Dans toute religion il y a des rituels, et les sacrifices de l'Ancienne Alliance en faisaient partie. Notre Seigneur rappelle que l'essentiel n'est pas là. Et que pour rencontrer Dieu en vérité, pour vivre avec Lui dans la communion, nous n'avons qu'à ouvrir notre cœur avec humilité et amour. Si Dieu veut habiter davantage dans notre cœur que dans des temples de pierre, c'est bien notre cœur, donc notre amour, qu'il convient de lui offrir en véritable sacrifice spirituel. Et cela non pas avec la disposition orgueilleuse des pharisiens, mais dans les sentiments du psalmiste qui confesse avec humilité sa faute, et qui ce faisant, attire sur lui l'amour et la miséricorde du Seigneur :
« Pitié pour moi, mon Dieu, dans ton amour,
selon ta grande miséricorde, efface mon péché.
Crée en moi un cœur pur, ô mon Dieu,
Renouvelle et raffermis au fond de moi mon esprit.
Si j'offre un sacrifice, tu n'en veux pas,
Tu n'acceptes pas d'holocauste.
Le sacrifice qui plaît à Dieu,
C'est un esprit brisé ;
Tu ne repousses pas, ô mon Dieu,
Un cœur brisé et broyé ».

11ème dimanche du temps ordinaire
Matthieu 9,36-10,8
2008

Saint Matthieu donne un magnifique prologue à l'appel des Douze : « *Jésus, voyant les foules, eut pitié d'elles parce qu'elles étaient fatiguées et abattues comme des brebis sans berger.* » Nous pouvons penser aux foules de notre époque, et nous pouvons peut-être nous dire que l'humanité n'a pas progressé depuis, et qu'elle a probablement empiré... Que de misère matérielle, humaine, intellectuelle, morale et spirituelle ! Nous pouvons penser à ces immenses mégapoles comme Mexico et Calcutta par exemple et contempler avec le cœur du Seigneur ces foules de notre temps, davantage victimes que responsables de leur misère... Et nous pourrions nous sentir impuissants !

Il est bon pour nous de saisir alors quelle est l'attitude intérieure de Jésus par rapport aux foules de son temps et aux foules de notre temps : Il les prend en pitié. Cette pitié est une conséquence immédiate de son amour divin pour chacune de ses créatures humaines. L'attitude intérieure de Jésus est proposée en modèle aux Apôtres d'hier et d'aujourd'hui. Remarquez bien que le Seigneur ne juge pas, ne condamne pas. Il contemple avec un cœur brisé ceux et celles qui sont fatigués et abattus, certainement parce qu'ils n'ont pas encore trouvé le sens profond de leur existence humaine ici-bas... Jésus n'en reste pas à la contemplation pleine de pitié de ces foules. Il est venu pour les soulager et leur apporter l'espérance qui leur manque. Le même saint Matthieu rapporte un peu plus loin dans son Evangile des paroles du Seigneur qui sont comme le prolongement de sa pitié face aux foules sans berger : « *Venez à moi, vous tous qui peinez, qui êtes surchargés, et je vous donnerai le repos. Prenez sur vous mon joug et apprenez de moi que je suis doux et humble de cœur, et vous trouverez le repos pour vos âmes. Car mon joug est aisé et ma charge légère.*[48] »
Jésus est l'unique Bon Pasteur. Cela ne l'empêche pas de nous demander de prier pour que le Père envoie des ouvriers pour sa moisson. Les Douze sont les premiers parmi ces ouvriers que le Père donne à son Fils pour qu'Il les donne à son tour aux foules qui sont sans berger. La mission de l'Eglise vient du Père par le Fils dans l'Esprit.

Si nous voulons bien comprendre *en quoi l'attitude intérieure de Jésus est vraiment une Bonne Nouvelle pour ces foules fatiguées et abattues*, nous devons nous reporter au chapitre 3 de l'Evangile de Matthieu et à la prédication de Jean-Baptiste. Il y a bien des thématiques communes entre ce passage et l'Evangile de cette liturgie : l'annonce du Royaume de Dieu et la moisson. Mais la tonalité est vraiment différente. Jean-Baptiste n'a pas pitié des foules qu'il appelle à la conversion. Il les traite même avec dureté : « *Race de vipères, qui vous donnera le moyen d'échapper à la Colère qui vient ?* » Jean annonce le jugement de Dieu et l'éventualité, si ce n'est de l'enfer, du moins d'un châtiment sévère : « *Tout arbre qui ne produit pas de bons fruits va être abattu et jeté au feu.* » En annonçant la venue de Jésus, Jean utilise l'image de la

---
[48] Matthieu 11, 28-30

moisson, celle-là même que nous retrouvons dans notre Evangile de ce jour : « *Il tient déjà la pelle en main pour nettoyer son blé ; il amassera le grain dans son grenier et brûlera la paille dans le feu qui ne s'éteint pas.*[49] » Dans la prédication de Jean il n'y a guère de place pour la miséricorde. Au contraire le regard que Notre Seigneur porte sur les foules est rempli de miséricorde à leur égard. C'est un regard absolument nouveau par rapport à celui de Jean. Il est d'ailleurs significatif que, dans les consignes qu'il donne aux Apôtres, Jésus n'inclue pas de dimension morale : « Convertissez-vous ou produisez de bons fruits », par exemple. Mais simplement : « Proclamez que le Royaume des Cieux est tout proche. » Ce que le Seigneur demande aux Douze, c'est d'être profondément bons et de faire le bien partout où ils passeront. Et cela gratuitement. Les apôtres transmettront seulement l'amour de Dieu pour les brebis perdues.

D'autres passages de l'Evangile nous montrent un Jésus qui semble plus sévère à l'égard de ses contemporains. Très peu de temps après l'envoi des Douze, il se pose une question : « *Comment vais-je dépeindre la présente génération ?* » Et il dénonce une attitude valable de son temps comme aujourd'hui : les gens ne sont jamais contents, et quoi que l'on fasse, ils critiquent et dénigrent… « *Jean ne mangeait pas, il ne buvait pas, et quand il est venu on a dit : il a un démon. Et puis vient le Fils de l'Homme qui mange et qui boit, et l'on dit : il aime le vin et la bonne chère, c'est un ami des collecteurs de l'impôt et des pécheurs ! Mais on verra que la Sagesse a bien fait les choses.*[50] » Jésus nous montre ici que sa miséricorde n'exclue pas sa clairvoyance à propos de nos travers humains. Etre bon ne signifie jamais être bête. Et les Apôtres devront allier dans leur mission la prudence des serpents et la simplicité des colombes… Car certaines brebis égarées peuvent se transformer en loups ! Enfin la pitié du Seigneur, fruit éminent de son divin amour, ne l'empêche pas d'être profondément déçu face à notre lenteur ou à notre réticence quand il ne s'agit pas de notre fermeture à la grâce. Jésus est véritablement homme. Et il y a des moments où il prend le ton de Jean-Baptiste pour répondre à ses interlocuteurs, par exemple aux maîtres de la Loi et aux Pharisiens qui lui réclament un miracle : « *Génération mauvaise et adultère !* »[51]

L'envoi en mission des Douze concerne notre Eglise car elle est apostolique et catholique. Et il nous concerne donc de manière personnelle même si nous ne sommes pas appelés à être prêtre ou missionnaire… Prier pour les vocations, c'est nécessaire. Mais cela ne doit pas dispenser chaque baptisé d'être apôtre selon sa vocation et là où Dieu l'a placé. Le défi pour nous aujourd'hui est bien d'être apôtres à la manière de Jésus : prêcher d'abord par nos actes et ensuite par nos paroles un Evangile de salut. C'est-à-dire un Evangile qui n'enferme pas les personnes dans leur misère et leur péché, mais un Evangile de compassion et de bonté dans lequel les foules sans berger de notre temps pourront pressentir la grandeur de l'amour

---

49 Matthieu 3, 12

50 Matthieu 11, 16s

51 Matthieu 12,39

miséricordieux du Père. Qu'en nous voyant vivre et agir, « les brebis égarées » comprennent la logique du Royaume :
« Cherchez d'abord le Royaume de Dieu et sa justice, et tout le reste vous sera donné en plus.[52] *».*

---

52   Matthieu 6, 33

12ème dimanche du temps ordinaire
Matthieu 10, 26-33
2008

Dimanche dernier nous avons entendu le récit de l'appel des Douze et de leur envoi en mission. Tout le chapitre 10 de l'Evangile selon saint Matthieu est consacré à la mission des apôtres. Jésus appelle ces hommes. Mais il ne les laisse pas abandonnés à eux-mêmes. Il leur donne des consignes, une espèce de feuille de route qui leur servira pour l'exercice de leur mission. Dimanche dernier, nous avons pu méditer le commencement de cette feuille de route. Au cœur de ce commencement, il y avait une proclamation : « Sur votre route, proclamez que le Royaume des cieux est tout proche. » La liturgie nous fait faire un bond de 18 versets en avant dans le discours missionnaire du Seigneur. Dans cette partie de son discours, Jésus annonce très clairement que ses apôtres auront à souffrir des persécutions, qu'ils seront « comme des brebis au milieu des loups » et qu'ils seront haïs de tous à cause du Nom du Seigneur. Jésus n'est pas un gourou de secte qui promet le bonheur parfait et immédiat à ses disciples ou qui prêche un épanouissement personnel par l'évasion de notre monde… Jésus est vrai, il est honnête envers ces hommes qu'il appelle à sa suite. Il ne leur cache pas que la Croix fera partie d'une manière ou d'une autre de leur itinéraire apostolique. Juste avant le début de l'Evangile de ce dimanche, le Seigneur nous livre la clef de compréhension de tout cela : « Le disciple n'est pas au-dessus du maître, ni le serviteur au-dessus de son seigneur… S'ils ont traité de démon le maître de maison, ce sera pire encore pour les gens de sa maison. » Tout chrétien, et pas seulement les successeurs de apôtres dans la mission de l'Eglise, fait à un moment ou à un autre l'expérience de l'échec. Tout chrétien souffre à cause du refus de l'Evangile. Combien de parents ou de grands-parents sont-ils dans la peine parce que les plus jeunes semblent avoir tout abandonné au niveau religieux ? Il n'y a rien d'étonnant à cela. Si Jésus a été rejeté et abandonné par ses disciples, c'est bien parce que Dieu ne s'impose jamais à notre liberté humaine : il nous propose d'entrer en relation d'Alliance avec Lui. Le chrétien comme l'apôtre devra toujours comprendre cela : son message s'adresse à une liberté humaine. *Etre apôtre, c'est donc consentir d'avance à ce que ce message puisse être rejeté ou oublié*. Ce qui ne signifie pas bien sûr que nous ayons à être indifférents lorsque l'Evangile n'est pas accueilli ! Le défi pour nous comme pour les apôtres, c'est de ne pas baisser les bras, de ne pas nous décourager. Même s'il nous semble que nous ne pouvons plus rien faire, nous avons toujours la possibilité de la prière, *la prière d'intercession* pour que les cœurs finissent un jour ou l'autre par s'ouvrir à la grâce. Mieux vaut prier que se culpabiliser ou remuer en soi des sentiments négatifs sur la déchristianisation de notre société et particulièrement des jeunes générations. « Celui qui restera ferme jusqu'à la fin, sera sauvé », nous dit Jésus. Plus que jamais nous avons besoin de *la vertu d'espérance* pour avancer au milieu des difficultés qui sont les nôtres. Difficultés somme toute relatives quand nous pensons à nos frères chrétiens qui, en Algérie, en Egypte, en Irak et ailleurs, sont véritablement persécutés à cause de leur foi. Je suis

toujours admiratif face à ce témoignage actuel des martyrs qui me rappelle la grande faiblesse de ma propre foi et m'invite à aller de l'avant.
C'est dans ce contexte que nous avons à accueillir la parole du Seigneur : « Ne craignez pas ! » Elle revient trois fois dans l'Evangile de cette liturgie, et c'est cette parole que Jean-Paul II avait choisie pour inaugurer son Pontificat. Nous le savons très bien, la peur paralyse. Alors que la confiance met en marche... Si bien souvent nous n'évangélisons pas ou mal, c'est parce que nous avons peur. Nos frères chrétiens persécutés ont eux de réelles raisons d'avoir peur et ils sont pourtant remplis de courage. En eux se vérifie la promesse du Seigneur dans cette feuille de route apostolique : « Ce n'est pas vous qui parlerez, c'est l'Esprit de votre Père qui parlera en vous. » Au milieu des persécutions ces frères chrétiens font l'expérience de la présence du Saint Esprit. Nos peurs à nous, en Europe, sont, il faut l'avouer, *des peurs imaginaires*. Car nous ne risquons pas notre vie pour l'Evangile. Nos peurs ne sont que le reflet de notre peu de foi, de la tiédeur de notre attachement au Christ, et certainement d'une vie de prière trop peu profonde... Nous devons absolument entrer en dialogue avec ceux qui ne partagent pas notre foi et faire avec eux si possible un bout de chemin. Que d'occasions naturelles avons-nous pour évangéliser ? Evangéliser, c'est annoncer la proximité du Royaume de Dieu. Dieu est présent aujourd'hui. Dieu est présent en tout homme. Et cette présence aimante de Dieu donne la paix à laquelle tout cœur humain aspire : « En entrant dans cette maison vous lui souhaiterez la paix. Si la maison en est digne, la paix viendra sur elle ; si elle n'en est pas digne, la paix que vous offrez reviendra sur vous. »

13ème dimanche du temps ordinaire
Matthieu 10, 37-42
2005

En ce dimanche, l'Evangile nous fait entendre la fin du « discours missionnaire » de Jésus. C'est aux apôtres que cet enseignement s'adresse. Et c'est avec ces paroles que le chapitre 10ème de l'Evangile se conclue.
A trois reprises Notre Seigneur utilise une expression qui nous interroge certainement : « être digne de Lui ». La liturgie eucharistique nous fait reprendre avant chaque communion les paroles de l'officier romain en saint Luc : *« Seigneur, je ne suis pas digne de te recevoir, mais dis seulement une parole et je serai guéri ».*[53]
En fait cette prière de préparation à la communion est une adaptation des paroles de l'officier. Mais alors comment comprendre l'enseignement du Seigneur en ce dimanche ?
« Etre ou ne pas être digne de Lui », telle semble être la question centrale de cet Evangile... Etre digne, cela signifie-t-il « être à la hauteur », « mériter » ? Dans ce cas-là nous savons que cela est parfaitement irréalisable. Et c'est bien l'officier romain qui a raison lorsqu'il affirme avec humilité : *« Ne prenez pas tant de peine ! Qui suis-je pour que vous veniez sous mon toit ? »*
Alors de quelle dignité s'agit-il ici ? Comment traduire cette expression problématique ? J'avance ici une hypothèse. Puisque nous ne serons jamais dignes du Christ, peut-être pourrions-nous comprendre cette expression de la manière suivante : « être digne » signifiant « être en correspondance avec » ou mieux encore « être en communion avec ». Finalement « être digne » ne serait-ce pas tout simplement « vivre de la grâce et dans la grâce de Dieu » ? Certaines attitudes révèlent qu'au fond nous n'avons pas compris l'immense amour du Christ à notre égard, nous sommes quelque peu « à côté de la plaque » pour reprendre une expression courante. Nous ne sommes plus disciples dans ces cas-là, mais bien des inadaptés à l'amour du Christ, des handicapés spirituels, des aveugles. C'est de cela que le Seigneur veut nous préserver. « Etre digne » ce n'est pas être « à la hauteur du Christ »... Quel orgueil ce serait de l'imaginer ! « Etre digne » c'est plutôt répondre avec toutes nos forces et toute notre intelligence à l'amour du Christ. Nous savons bien que notre réponse ne sera jamais à la hauteur. Mais ce n'est pas cela que le Seigneur attend de nous. Ce qu'il attend de nous c'est que nous nous engagions totalement et entièrement à sa suite. Cet Evangile n'a qu'un but : nous préserver de la tiédeur, nous préserver de « faire semblant »... Et cela dans deux domaines particuliers : les liens de la chair, les relations familiales et les épreuves, les souffrances qu'inévitablement nous rencontrons sur notre route.
En tant que disciples nous ne pouvons pas mettre sur le même plan l'amour légitime que nous portons aux membres de notre famille, amour naturel, et l'amour de charité, amour surnaturel, que nous devons porter au Christ. Si nous ne respectons pas cette hiérarchie de l'amour en donnant la priorité absolue à l'amour pour Dieu, alors c'est

---

[53] Luc 7, 6.7

le signe que nous ne sommes pas vraiment disciples du Christ. Dans certains cas nous pouvons être amenés à faire des choix crucifiants pour être fidèles au Christ. Pensons par exemple à un jeune qui se sent appelé par Dieu au sacerdoce et qui rencontre l'opposition de ses parents... Pensons à une jeune fille enceinte qui refuse d'avorter alors que ses parents la poussent à demander l'avortement...

Suivre le Christ implique aussi de savoir « prendre sa croix ». Dans les épreuves, qu'elles soient physiques ou morales, se vérifie notre attachement au Christ. « Prendre sa croix » cela ne veut pas dire « désirer la souffrance ». Cela veut dire accepter et assumer cette souffrance pour l'amour de Dieu et le salut du monde. Cela veut dire vivre cette souffrance d'une manière humaine et chrétienne, la vivre « surnaturellement ». Ce qui n'empêche pas les moments de doute et de révolte. Encore une fois c'est bien de communion dont il est question ici. Nous ne sommes pas dignes du Christ si nous refusons de vivre aussi nos souffrances en communion avec Lui.

« Qui veut garder sa vie pour soi la perdra ; qui perdra sa vie à cause de moi la gardera ».

Cet enseignement résume à lui seul tout ce qui précède, il en est comme la fine pointe, l'esprit. On ne peut pas être à la fois égoïste et chrétien. Ce sont des réalités contradictoires. Nous recevons tout ce que nous sommes de Dieu : notre vie naturelle comme notre vie surnaturelle, la vie de foi, la vie dans la grâce. S'attacher à notre vie comme à notre propriété privée, sans penser à rendre grâce, sans penser à donner à notre tour autant que nous le pouvons, c'est être indigne de l'amour du Christ. C'est dans la mesure où nous apprenons progressivement le détachement des biens matériels et la dépossession de nous-mêmes que nous entrons véritablement dans la vraie vie, la vie avec le Christ Seigneur.

14ème dimanche du temps ordinaire
Matthieu 11, 25-30
2011

Deux jours après la fête du Sacré-Cœur et au commencement de la période estivale nous accueillons ce très beau passage de l'Evangile selon saint Matthieu, passage dans lequel Jésus nous invite à entrer dans son repos.
Notre Evangile commence par une prière de louange et d'action de grâces que Jésus a peut-être prononcée à haute voix en présence de ses disciples. Dans cette prière le Seigneur témoigne de la relation unique qui l'unit à Dieu son Père, relation de connaissance amoureuse au sein de la Trinité. Par la révélation de l'Evangile, Jésus nous fait participer, à notre niveau humain, à cette connaissance qui est celle de la Sainte Trinité. Jésus est l'unique Chemin qui nous conduit à la connaissance du Dieu vivant et vrai. Le Fils remercie son Père de ce que cette révélation a été cachée aux sages et aux savants et donnée aux touts petits. Cette manière de faire de Dieu notre Père est une manifestation de sa bonté. Mais comment comprendre le fait que les sages et les savants soient comme écartés de la connaissance de Dieu ? Il semblerait au contraire que cette catégorie de personnes soit la mieux placée pour connaître le mystère de Dieu. Ce que le Père réprouve ce n'est pas l'intelligence humaine ni la raison. C'est lui qui nous les a donnés. Dieu nous met simplement en garde contre le danger qui guette tous les intellectuels. Et ce danger est double. Tout d'abord l'orgueil, se croire supérieur parce que l'on sait. De cet orgueil découle immanquablement un sentiment d'autosuffisance et d'autonomie absolue. Ainsi le savant orgueilleux dans le moment même où il reconnaît Dieu le nie. Parce qu'il pense que sa connaissance vient uniquement de son intelligence. Parce qu'il oublie que la vraie connaissance de Dieu se reçoit comme une révélation : elle est un don du Christ. Le deuxième danger qui guette le savant c'est celui d'une connaissance sans charité. A quoi bon connaître toute la sagesse des philosophes et celle de la Bible si je ne la mets pas en pratique, si je suis incapable d'aimer en vérité ? Lorsque Dieu se fait connaître à nous par Jésus, ce n'est pas d'abord pour remplir notre tête de connaissances théologiques, c'est surtout pour changer notre cœur de pierre en un cœur de chair, capable d'aimer et de s'ouvrir aux besoins des autres.
Après avoir prié, Jésus nous lance un appel. Un appel à entrer dans son repos alors que nous sommes fatigués et abattus par une vie parfois bien difficile et souvent monotone. Même si nous avons la chance d'avoir tout le nécessaire pour bien vivre en ce monde, l'horizon nous semble à certains moments bouché. Nous aspirons à autre chose, à Dieu lui-même. L'actualité de notre monde peut aussi nous conduire au désespoir et au découragement. Le repos donné par le Christ, maître au cœur doux et humble, n'est pas un repos d'hôtel cinq étoiles ou de millionnaire. Jésus ne nous promet pas le bonheur parfait en ce monde. Il ne nous dit pas que si nous le suivons tout ira bien et nous n'aurons plus aucun problème ! Nous devons en tant que chrétiens prendre son joug, porter son fardeau. Ce qui pèse le plus lourd sur nos épaules c'est bien la puissance du mal et de l'injustice à l'œuvre sur notre terre, c'est

bien le péché que nous commettons. Connaître Jésus et l'aimer n'enlève ni le joug ni le fardeau. Alors où est la différence entre un chrétien et un athée ? Eh bien nous, disciples du Seigneur, nous ne sommes jamais seuls à porter le fardeau. Jésus lui-même vient le porter avec nous. Son joug est ainsi facile à porter, et son fardeau léger. Jésus se différencie des chefs religieux du peuple. Il les interpelle vivement et leur fait des reproches : Les scribes et les pharisiens enseignent dans la chaire de Moïse. Pratiquez donc et observez tout ce qu'ils peuvent vous dire. Mais n'agissez pas d'après leurs actes, car ils disent et ne font pas. Ils lient de pesants fardeaux et en chargent les épaules des gens ; mais eux-mêmes ne veulent pas les remuer du doigt. Quand nous contemplons Jésus sur la croix, nous savons qu'il ne s'est pas contenté de paroles mais qu'il a vraiment porté pour nous tout le fardeau du péché et du mal afin de nous en libérer. Alors cet Evangile nous demande de lui faire une confiance absolue et de vivre sous l'emprise de l'Esprit Saint qui habite nos cœurs. De cette manière nous verrons toutes choses avec le regard de Dieu. Et la pesanteur de ce monde ne nous enlèvera ni notre joie ni notre espérance.

15ème dimanche du temps ordinaire
Matthieu 13, 1-23
2005

Le thème dominant des lectures de ce dimanche est celui de la Parole de Dieu. Dans la première lecture l'insistance porte sur la puissance de cette Parole : *« Ainsi ma parole, qui sort de ma bouche, ne me reviendra pas sans résultat, sans avoir fait ce que je veux, sans avoir accompli sa mission »*. Bref la Parole de Dieu est efficace. Ce que Dieu dit, il le fait. Le premier chapitre de la Genèse témoigne bien de cette vérité avec des formules du type : *« Dieu dit : 'Que la lumière soit !' Et la lumière fut »*. En tant que chrétiens, nous savons que cette Parole de Dieu, par laquelle *tout ce qui est* a été créé, s'est révélée en plénitude et de manière définitive dans la nuit de Noël : l'éternelle Parole de Dieu, le Verbe, a pris chair de la Vierge Marie. Désormais la Parole de Dieu a pour nous un visage, celui de Jésus le Christ. Cette Parole est une personne : Jésus notre Sauveur. C'est une grande grâce pour nous que d'être nés dans l'ère chrétienne, après la manifestation du Christ à notre humanité, car *« beaucoup de prophètes et de justes ont désiré voir ce que vous voyez, et ne l'ont pas vu, entendre ce que vous entendez, et ne l'ont pas entendu »*. Oui, heureux sommes-nous car nous avons accès à travers les Evangiles à la plénitude de la grâce et de la vérité !

Quant à l'Evangile de cette liturgie il nous invite à une profonde méditation sur la Parole de Dieu. Et cela avec la parabole du semeur et l'explication qu'en donne Jésus lui-même.

« Voici que le semeur est sorti pour semer... ». N'oublions pas l'introduction de cette parabole. Elle est très importante. Elle nous rappelle que Dieu ne cesse de donner sa Parole. Parce que Dieu est Amour, Il est don. Et son don est toujours généreux, surabondant. A Noël Dieu va encore plus loin : Il se donne lui-même en nous donnant son Verbe. Car le Verbe fait chair n'est pas seulement la Parole de Dieu, Il est Dieu, Fils unique du Père. Par l'action de l'Esprit-Saint le Père sème son Verbe dans le sein de la Vierge Marie. Et Marie est bien cette femme qui accueille en plénitude le don de la Parole par son « Oui ». Marie est bienheureuse parce que ses yeux voient et ses oreilles entendent.

Si la première lecture nous rappelle la puissance de la Parole, Jésus nous montre dans la parabole la puissance de notre liberté. A travers l'exemple des quatre terrains différents Notre Seigneur nous montre l'importance du récepteur que nous sommes. L'émetteur de la Parole c'est Dieu, le récepteur c'est nous. Et de manière paradoxale nous comprenons que cette Parole est à la fois puissante et fragile. A l'image du bébé de la crèche : Il est Fils de Dieu, Il est cette Parole puissante. Mais quoi de plus fragile qu'un nouveau-né ? Hérode en ordonnant le massacre des enfants de Bethléem veut tuer la divine semence alors qu'elle est encore incapable de parler. Nous aussi nous pouvons tuer en nous la semence de la Parole divine. Et alors nous nous retrouvons dans la situation de *« celui qui n'a rien et qui se fera enlever même ce qu'il a »*. C'est-à-dire que finalement nous perdons le véritable usage de notre liberté en croyant être libres par le « Non » que nous opposons à la Parole.

Pour être un bon récepteur de la Parole il faut la mettre en pratique, c'est cela la bonne terre : *« Si quelqu'un écoute mes paroles que voilà et les met en pratique, on pourra dire de lui : voici un homme avisé qui a bâti sa maison sur le roc ».*[54]

Si la semence de la Parole est fragile, ce n'est pas seulement à cause du refus que nous pouvons lui opposer. Beaucoup d'hommes sont remplis de bonne volonté, et pourtant ils ne portent pas de fruits. Parce que les circonstances extérieures sont plus fortes qu'eux, elles prennent le dessus sur leur bonne volonté. Elles peuvent avoir pour nom : le Mauvais, la détresse, la persécution, les soucis du monde et les séductions de la richesse.

Nous ne pouvons pas être la bonne terre pour la semence sans l'engrais de la foi agissant par la charité pour reprendre une expression de saint Paul. Demandons à l'Esprit de Dieu la grâce non seulement de comprendre la Parole avec notre intelligence, mais aussi de l'accueillir avec amour, et surtout d'engager toute notre liberté dans cet accueil : ainsi nous donnerons du fruit et la Parole prendra véritablement chair dans nos personnes et dans nos vies.

---

[54] Matthieu 7, 24

16ème dimanche du temps ordinaire
Matthieu 13, 24-43
2005

Nous poursuivons en ce dimanche notre méditation du *chapitre 13 de l'Evangile selon saint Matthieu*. Dans ce chapitre Matthieu nous rapporte un long enseignement de Jésus concernant le Royaume des Cieux, un enseignement en paraboles.

La liturgie de ce dimanche nous propose trois paraboles du Royaume des Cieux. L'insistance porte sur la parabole du blé et de la mauvaise herbe puisque Jésus en explique lui-même la signification pour répondre à la demande de ses disciples.

Cette parabole se situe dans la continuité de la parabole du semeur entendue dimanche dernier. Nous restons au niveau d'une image empruntée à la vie agricole. Alors que la parabole du semeur insistait sur la diversité des terrains qui reçoivent la semence, cette parabole nous parle davantage de l'attitude du semeur, c'est-à-dire du Fils de l'homme. Relevons un point commun avec la parabole du semeur : la présence de l'Ennemi, c'est-à-dire Satan. *« Quand l'homme entend la Parole du Royaume sans la comprendre, le Mauvais survient et s'empare de ce qui est semé dans son cœur : cet homme, c'est le terrain ensemencé au bord du chemin »*, c'était la parabole de dimanche dernier. Ici le démon sème sa propre semence dans le champ du monde pour étouffer le bon grain semé par Jésus. L'ennemi n'a qu'un but : empêcher l'instauration du Royaume des Cieux dans le cœur des hommes.

La fine pointe de la parabole se développe à partir de la question des serviteurs : *« Veux-tu que nous allions l'enlever ? »* Devant la menace de l'ivraie, les serviteurs du semeur proposent une solution radicale et rapide : enlever la mauvaise herbe. La réponse de leur maître est essentielle pour la signification profonde de la parabole : *« Non, de peur qu'en enlevant l'ivraie, vous n'arrachiez le blé en même temps. Laissez-les pousser ensemble jusqu'à la moisson ; et, au temps de la moisson, je dirai aux moissonneurs : Enlevez d'abord l'ivraie, liez-la en bottes pour la brûler ; quant au blé, rentrez-le dans mon grenier ».*

Nous voulons être les disciples de Jésus, nous voulons le servir et vivre dans son amitié. Nous pouvons nous aussi connaître la tentation qui est celle des serviteurs de la parabole : être impatients par rapport à la lente germination du Royaume des Cieux, et ne pas accepter que le bon grain et la mauvaise herbe puissent cohabiter dans notre monde, dans l'Eglise et finalement en chacun de nous.

J'ai entendu un jour un vieux prêtre me dire : tu sais, Robert, le temps est le 8ème sacrement ! Peut-être avait-il emprunté cette formule à quelque théologien célèbre, je ne sais pas. En tout cas cette formule traduit bien l'attitude intérieure du semeur par rapport à la présence de la mauvaise herbe dans le champ de notre monde... Dieu oppose à nos impatiences bien humaines sa divine patience. Et la patience divine va jusqu'à permettre l'existence du mal dans notre monde jusqu'au jour du jugement dernier ! Pourquoi donc Dieu est-il patient à notre égard ? Pourquoi donc Dieu n'intervient-Il pas de manière plus visible dans notre monde ? Nous pourrions trouver bien des réponses à ces interrogations. Pour ma part j'en vois deux qui me semblent essentielles. Tout d'abord Dieu nous crée libres. Il ne nous contraint pas à l'aimer ni à faire le bien. Il nous y invite avec tout le poids de son amour divin. Il nous y invite en nous faisant comprendre que l'enjeu est de taille pour chacun d'entre nous : car nous pouvons faire notre bonheur comme notre malheur en fonction du chemin que nous choisissons. La croix du Seigneur nous rappelle l'importance de notre salut, l'importance de la vie éternelle commencée dès ici-bas comme en germe. Ensuite cette patience divine n'est qu'une expression de la miséricorde du Seigneur. *« A ceux qui ont péché tu accordes la conversion »*, affirme la lecture du livre de la Sagesse. La force et la puissance de notre Dieu ne s'expriment pas en arrachant la mauvaise herbe. Elles s'expriment par le pardon. Et c'est bien le pardon de Dieu qui peut convertir en nous la part de mauvaise herbe en bon grain. Dieu ne pourrait pas nous demander de vivre dans l'espérance si Lui-même ne pensait pas que ses créatures puissent changer, choisir le bien et abandonner le mal. Dans la parabole, si Dieu n'arrache pas l'ivraie c'est pour préserver le bon grain. Mais en allant plus loin que ce que dit la parabole, l'ivraie peut se transformer en bon grain par la puissance de Dieu. Tant que nous ne sommes pas morts nous bénéficions du 8ème sacrement : le temps. Tant que nous sommes vivants nous pouvons accueillir l'exhortation du psaume 94 : *« Aujourd'hui écouterez-vous sa parole ? »*

Un passage de la seconde lettre de Pierre me servira de conclusion :

« Un seul jour du Seigneur vaut mille ans et mille ans ne sont pour lui qu'un seul jour. Le Seigneur n'est pas en retard pour sa promesse. C'est plutôt de la générosité à votre égard, car il ne veut pas que certains se perdent mais que tous arrivent à la conversion ».[55]

---

55   3, 8.9

17ème dimanche du temps ordinaire
Matthieu 13, 44-52
2008

Nous poursuivons en ce dimanche notre lecture du chapitre 13 de l'Evangile selon saint Matthieu, le chapitre des paraboles du Royaume des Cieux. L'Evangile de cette liturgie offre à notre méditation les trois dernières paraboles, à la fin du chapitre 13.
Celles du trésor et de la perle vont ensemble, alors que celle du filet est à part. Les deux petites paraboles du trésor et de la perle s'appliquent au Royaume de Dieu déjà présent aujourd'hui, alors que la parabole du filet concerne la fin du monde, c'est-à-dire l'accomplissement du Royaume lorsque le Christ reviendra dans sa gloire pour juger les vivants et les morts.
Je me limiterai en ce dimanche aux deux petites paraboles du trésor et de la perle qui, malgré leur similitude, présentent aussi des nuances intéressantes pour nous.
Chez Matthieu le Royaume des Cieux signifie tout simplement le Royaume de Dieu, c'est-à-dire sa présence et son action au milieu de nous par et dans le Christ. Le Royaume des Cieux signifie que Dieu vient nous sauver et nous réconcilier avec Lui. Ce Royaume est donc l'expression très concrète de son amour miséricordieux à notre égard. Le Royaume est l'accomplissement parfait des prophéties qui annonçaient une création nouvelle : l'homme peut désormais recevoir un cœur nouveau, un cœur de chair grâce au don de l'Esprit.
Voyons maintenant quel enseignement nous pouvons retirer de ces deux paraboles jumelles.
La présence de Dieu est d'abord comparée à « un trésor caché dans un champ. » Rien d'étonnant à cela puisque Dieu est le Bien suprême. Mais ce Bien n'est pas évident puisqu'il est d'ordre spirituel et non matériel, il est donc en quelque sorte caché. Déjà Isaïe avait annoncé le Dieu caché : « Vraiment tu es un Dieu qui se cache, Dieu d'Israël, Sauveur ! »[56] Et comment ne pas penser ici à saint Paul qui reprend à plusieurs reprises dans ses lettres ce thème ? Par exemple dans la lettre aux Ephésiens lorsqu'il affirme que le plan mystérieux du salut est « caché depuis toujours en Dieu, créateur de l'univers. »[57] L'homme de notre parabole découvre le trésor caché comme par hasard, sans le chercher, et c'est là une différence avec le négociant qui recherche des perles. Nous savons bien que du point de vue de Dieu le hasard n'existe pas. Seuls existent sa Providence et sa grâce : « quand les hommes aiment Dieu, lui-même fait tout contribuer à leur bien. » Tous les récits de conversion anciens et nouveaux témoignent de ce que le Royaume de Dieu peut surgir dans une vie de manière imprévue et subite. Oui, c'est vraiment Dieu qui, le premier, nous a aimés ! Dans notre parabole le signe du Royaume c'est la joie ! Voilà le grand trésor qui manque tant à beaucoup de nos contemporains saturés de bien matériels mais toujours

---

56 Chapitre 45 / AT 27

57 3,9

insatisfaits et au fond tristes. La joie ne peut venir de notre portefeuille. Elle est un don de l'Esprit, une disposition qui nous fait reconnaître avec gratitude tout ce que nous recevons de Dieu et des autres et surtout ce que nous sommes. Il ne suffit pas d'être riche et d'être propriétaire pour être heureux... Il faut encore *savoir apprécier* autant les biens matériels que les biens spirituels à leur juste valeur. C'est cela qui donne la joie. La surabondance nous prive bien souvent de cette joie par laquelle nous savons apprécier tout ce dont nous sommes comblés... Le scandale du gaspillage en est une preuve évidente. Si notre homme découvre le trésor sans l'avoir cherché, il agit tout de même pour jouir de ce trésor : il vend tout ce qu'il possède ! Cela signifie que nous ne pouvons pas connaître la joie de Dieu sans renoncements et sans sacrifice. Cela nous ramène au mystère de la Croix. Si le Royaume de Dieu est réellement le Bien suprême pour nous, alors nous devons être prêts à faire les bons choix dans notre vie et à écarter tout ce qui nous sépare de ce Royaume.

Quelques mots pour terminer à propos de la parabole de la perle. Il y a un point commun avec la parabole précédente. La perle de grande valeur est un trésor et l'homme vend tout ce qu'il possède pour en jouir. Il y aussi *une différence*. L'homme découvrait le trésor caché dans le champ. Ici nous avons affaire à « un négociant qui recherche des perles fines. » Cette parabole met davantage l'accent sur la part de l'homme, sur la liberté humaine, dans la découverte du Royaume de Dieu présent au milieu de nous. Elle est une invitation à faire de notre vie tout entière, et ce jusqu'à notre mort, une recherche de Dieu. Même si nous sommes déjà chrétiens, n'imaginons pas pour autant être parvenus au but !

18ème dimanche du temps ordinaire
Matthieu 14, 13-21
2008

Eau, vin, lait, viandes savoureuses, pains, poissons, soif et faim... Les lectures bibliques de ce dimanche ont de quoi nous mettre l'eau à la bouche ! C'est en quelque sorte le menu que le Bon Dieu nous présente !

La réalité essentielle de la nourriture et de la boisson est en effet souvent utilisée par les auteurs sacrés pour nous parler de notre relation avec Dieu. Une fois n'est pas coutume, je ne commenterai pas l'Evangile de la multiplication des pains, même si j'y ferai allusion. Je voudrais méditer avec vous et pour vous la magnifique première lecture, extraite du livre d'Isaïe.

Nous sommes à la fin de ce que les biblistes appellent *le livre de la Consolation*, ou le deuxième Isaïe. Le peuple Juif est alors en exil. Donc dans une situation pénible et difficile. Le refrain que Dieu adresse à son peuple par la bouche de son prophète se résume en une invitation pressante : « Venez ! » Invitation qui culmine avec « Venez à moi ! » Au sein même de la détresse de son Peuple le Seigneur veut susciter une espérance folle du point de vue strictement humain : « Je ferai avec vous une alliance éternelle, qui confirmera ma bienveillance envers David. » Les railleurs auraient pu se moquer d'une telle promesse, car la grandeur du Royaume d'Israël semblait bien définitivement appartenir au passé... Nous chrétiens, nous savons bien que c'est Jésus, le Fils de David, qui a réalisé, des siècles après, cette promesse d'une alliance indestructible. Mais il fallait alors beaucoup de confiance pour accepter un tel message !

A qui s'adresse cet appel pressant à entrer dans l'alliance ? A venir vers le Seigneur ? A tous ceux qui ont soif ! Les Juifs exilés entre le Tigre et l'Euphrate ne devaient pas manquer d'eau, ils n'étaient pas dans un désert. C'est bien sûr de leur soif de Dieu dont il s'agit ici. Eux, ils étaient nostalgiques de la Cité Sainte, du Temple et de ses cérémonies... Et voilà que tout cela a été ravagé, profané par Nabuchodonosor. De cette épreuve doit surgir une nouvelle soif de Dieu, plus profonde, plus intérieure. La soif de Dieu est en effet le ressort de toute vie spirituelle. Si notre désir de Dieu est faible ou endormi, alors notre vie spirituelle sera médiocre ou bien se limitera à aller à la messe le dimanche... A ceux qui ont soif, le Seigneur offre quelque chose. En même temps il les interpelle.

Commençons par l'interpellation de Dieu qui est là justement pour faire jaillir en nous le désir de son Règne et de sa présence : « *Pourquoi dépenser votre argent pour ce qui ne nourrit pas, vous fatiguer pour ce qui ne rassasie pas ?* » Nous avons beau connaître la vérité, nous sommes facilement entraînés sur la pente des réalités éphémères et uniquement matérielles. Notre Dieu nous remet en question comme autrefois son Peuple en exil. Il nous demande de faire le point sur nos priorités et nos choix. Finalement quel est le véritable moteur de notre vie, ce qui nous fait travailler, ce qui nous motive ? A Babylone les idoles ne manquaient pas. Nous aussi nous pouvons travailler et vivre pour des idoles actuelles et pourtant bien anciennes :

l'argent, l'ambition, le pouvoir, le paraître etc. Mais le Seigneur nous met en garde : nous ne serons jamais rassasiés, jamais satisfaits sur ce chemin-là, car il nous en faudra toujours plus. Combien de couples se séparent et se déchirent, parce que, par exemple l'un des conjoints fait passer sa carrière professionnelle avant toutes choses ? Il est vrai que les structures de l'entreprise peuvent pousser bien des personnes dans cette impasse avec la pression toujours plus grande et la menace du chômage... L'air du temps ne nous aide vraiment pas à chercher les nourritures essentielles, celles qui demeurent. Et nous avons sans cesse un effort à faire pour maintenir notre tête hors de l'eau, souvent polluée par les exigences sociales et économiques... Et pour recevoir la parole du Seigneur : « *Travaillez non pas pour la nourriture qui disparaît, mais pour la nourriture qui demeure et qui devient vie éternelle. C'est le Fils de l'Homme qui vous la donnera ; c'est lui que Dieu le Père a marqué de son sceau.*[58] »

Ce que nous offre le Seigneur est inimaginable : « *Même si vous n'avez pas d'argent, venez acheter et consommer, venez acheter du vin et du lait sans argent et sans rien payer.* » Ce passage de notre première lecture est en fait une magnifique image de ce que la théologie nomme la grâce divine ! Le vin et le lait représentent ici les réalités qui rassasient l'âme, celles qui demeurent pour la vie éternelle, celles par lesquelles nous vivons de l'Alliance. Eh bien, le Seigneur a décidé de nous offrir tout cela gratuitement. La formule d'Isaïe est d'ailleurs paradoxale : achète-t-on quelque chose sans argent, sans payer ? Il ne s'agit pas tellement d'acheter que de *recevoir*. Dans le récit de la multiplication des pains, les disciples ne sont pas sur la même longueur d'onde que leur Maître. Pour eux la solution est évidente : il faut renvoyer ces foules : « qu'ils aillent dans les villages s'acheter à manger. » Eux parlent d'acheter, Jésus leur répond en leur demandant de donner : « *Donnez-leur vous-même à manger.* » Sommes-nous prêts à nous recevoir de Dieu et à recevoir de Lui tout son Amour ? Vivre dans l'Alliance, c'est devenir les disciples d'un Dieu qui est Don d'Amour en lui-même, Trinité bienheureuse, et qui se donne sans compter à ses créatures pour qu'elles puissent partager son Bonheur. Vivre dans l'Alliance, c'est être convaincu que « *rien ne pourra nous séparer de l'amour de Dieu qui est en Jésus-Christ notre Seigneur* ».

---

58   Jean 6, 27

19ème dimanche du temps ordinaire
Matthieu 14, 22-33
2005

En ce dimanche nous entendons le récit de la marche de Jésus sur les eaux tempétueuses du lac. Cet événement suit la première multiplication des pains et des poissons. Ne passons pas trop rapidement sur l'introduction que Matthieu donne à ce récit. Car cette introduction nous donne le contexte de ce miracle et le relie à celui de la multiplication des pains.
« Quand Jésus eut renvoyé les foules, il se rendit dans la montagne, à l'écart, pour prier. Le soir venu, il était là, seul ».
Cette introduction nous rappelle une autre introduction, celle que Matthieu donne à la multiplication des pains :
« Jésus partit en barque pour un endroit désert, à l'écart ».
Les foules avaient empêché le Seigneur de « faire retraite ». Et voilà que maintenant il peut enfin prier son Père dans la solitude et le silence. C'est ce pour quoi il était venu dans ce lieu désertique. La prière du Seigneur se prolonge quasiment toute la nuit, car ce n'est que « vers la fin de la nuit » qu'il rejoint ses disciples en marchant sur les eaux.
L'exemple du Seigneur est bien sûr pour nous une invitation à prendre le temps de la prière, de la contemplation, de la retraite. Il nous faut enfin comprendre, non pas intellectuellement mais avec le cœur, que la prière est l'âme, la respiration de toute notre vie chrétienne. Quel rapport entre la prière et les vagues du lac ? D'un côté nous pouvons imaginer cette atmosphère de profonde paix dans laquelle le Seigneur se tourne vers son Père, la paix spirituelle. C'est de cette paix que découlent la sérénité, la patience, la joie, la persévérance et tant d'autres notes qui caractérisent la vie du disciple. De l'autre nous avons les vagues du lac qui nous renvoient à l'agitation des disciples… *Un cœur qui s'immerge dans la prière ne se laisse pas submerger par les vagues de ce monde.*
Penchons-nous un instant avec le regard de Jésus sur l'attitude des disciples. Elle se résume en deux mots : peur et doute. Face à cette attitude nous retrouvons en Jésus une constante biblique, une constante de toute la Révélation : *« Confiance ! c'est moi ; n'ayez pas peur ! »*. La peur, toute humaine qu'elle soit, est une tentation. Une tentation qui s'oppose à la vertu de foi et à la vertu d'espérance. Mais me direz-vous : n'est-il pas bien normal, inévitable même, que nous connaissions la peur et que parfois nous doutions ? Oui, humainement c'est bien normal. Mais tout le récit nous porte à voir les réalités de manière surnaturelle. Ce n'est pas pour rien que ce récit s'achève avec un acte de foi : *« Vraiment, tu es le Fils de Dieu ! »*. Cette acte de foi que nous faisons nôtre, et que nous professons dans le *Credo* chaque dimanche dépasse ce qui est humainement compréhensible et acceptable. Le récit de la tempête sur le lac est en fait une magnifique catéchèse sur la vertu de foi. La foi est une force parce qu'elle est une certitude. Non pas notre certitude, mais une certitude qui vient de Dieu lui-même. Car la foi est d'abord et toujours un don de Dieu, un acte

surnaturel. Si nous faisions vraiment confiance de manière radicale à Jésus notre Sauveur, nous serions alors libérés de la peur. C'est justement toute la valeur du témoignage des martyrs au cours des siècles.

En guise de conclusion revenons un instant sur la prière. Si la prière suppose la foi, elle la nourrit aussi et la fortifie, ne l'oublions pas ! Notre prière exerce notre foi ! C'est dans la prière que nous parviendrons à nous laisser libérer de nos peurs par Jésus le Vivant. C'est dans la prière que nous pouvons être vainqueurs avec Jésus des tempêtes qui nous éprouvent et nous menacent. Bien souvent face aux vagues de l'épreuve et du doute, nous prions moins ou nous nous arrêtons de prier. Dans ces moments-là ayons assez d'humilité et de confiance pour crier avec Pierre notre détresse : *« Seigneur, sauve-moi ! »*. Comment le Seigneur pourrait-Il nous abandonner ? Lui, Il a voulu connaître notre détresse et notre angoisse sur le bois de la croix : *« Mon Dieu, mon Dieu, pourquoi m'as-tu abandonné ?*[59] *»* Mais Il a aussi prié dans la confiance et l'abandon au sein même de son extrême dépouillement : *« Père, entre tes mains, je remets mon esprit »*[60].

---

[59] Matthieu 27, 46

[60] Luc 23, 46

Assomption de Marie / 2006

Fêter l'Assomption de Marie, c'est fêter la Pâque de Marie. La solennité de l'Assomption n'a de sens que dans cette lumière pascale. C'est la raison pour laquelle la liturgie de la Parole nous propose, en deuxième lecture, un passage du chapitre 15 de la première lettre de l'apôtre Paul aux Corinthiens. Dans ce chapitre, l'apôtre tente d'exposer le plus clairement possible le mystère de la résurrection du Christ. Sans oublier les conséquences de ce mystère dans la vie de l'Eglise et dans notre vie.
« *C'est dans le Christ que tous revivront, mais chacun à son rang : en premier, le Christ : et ensuite, ceux qui seront au Christ lorsqu'il reviendra.* »
En tant que Mère de Dieu, Marie a joui de ce point de vue là d'un privilège, d'une grâce extraordinaire. Elle n'a pas eu à attendre le retour de son Fils en gloire à la fin des temps pour être pleinement glorifiée par Dieu, dans son corps et dans son âme. C'est cela le mystère de l'Assomption, connu par les orientaux sous le nom de dormition.
L'Assomption est donc une fête pascale, même si nous la célébrons dans le temps ordinaire. C'est la fête de la vie, du triomphe définitif et absolu de l'amour de Dieu sur toute mort, tout péché. Car celle qui est parfaitement glorifiée dans son corps et dans son âme, c'est aussi celle qui a été préservée de tout péché par la grâce de son Fils. L'Assomption et l'Immaculée Conception de Marie sont des mystères qui vont ensemble.
La liturgie de la Parole nous enseigne cependant que, si victoire il y a, cela implique aussi une lutte, un combat. Le livre de l'Apocalypse nous présente cet affrontement céleste entre le signe grandiose de la Femme et le signe du dragon. Cet affrontement nous renvoie à la lutte terrestre de notre Seigneur Jésus-Christ contre les puissances du mal. Et Paul de souligner :
« *Le dernier ennemi qu'il détruira, c'est la mort, car il a tout mis sous ses pieds.* »
Comment ne pas penser ici à la promesse de Dieu, au chapitre 3 de la Genèse ?
« *Je mettrai la discorde entre toi (le serpent) et la femme, entre ta race et sa race, elle te blessera à la tête, et toi tu la blesseras au talon.* » Oui, par Marie, Jésus est bien de la race d'Eve, un humain comme nous.
La liturgie de la Parole nous montre comment cette victoire de la vie sur la mort a été possible. Nous avons Marie, le Christ, son Fils, et Dieu le Père. Si nous prenons le temps de méditer les lectures de cette fête, nous percevons alors le mouvement suivant : Marie se soumet au Christ, elle renvoie au Christ ; et ce dernier se soumet à son Père, il renvoie au Père. Ce mouvement est celui d'une montée vers Dieu, reconnu comme source et principe de tout bien et de tout bonheur.
A Elisabeth qui lui adresse une louange, Marie répond : « *Mon âme exalte le Seigneur.* » Autrement dit ma vie chante la grandeur de Dieu. Marie nous montre Dieu et nous conduit vers Lui. Le Christ, son Fils, est le chemin qui nous mène droit vers le Père : « *Alors, tout sera achevé, quand le Christ remettra son pouvoir royal à Dieu le Père, après avoir détruit toutes les puissances du mal.* »

Jésus comme Marie sont les témoins inébranlables du salut, de la puissance et de la royauté de notre Dieu, pour reprendre une expression de la première lecture.

L'Assomption de Marie nous redit avec force que nous sommes associés au dessein du salut divin. Par l'engagement de notre liberté, nous participons déjà à la lutte et à la victoire du Seigneur. Et c'est Marie qui, la première, nous ouvre ce chemin de vie chrétienne. Quel est le grand moyen de Marie pour lutter avec son Fils et avec lui triompher ? L'humilité : *« Il s'est penché sur son humble servante. Il élève les humbles. »* L'orgueil d'Adam et Eve a mis notre monde dans un état chaotique. Seule l'humilité peut le remettre sur le chemin de la vie. Par l'humilité nous reconnaissons la grandeur de Dieu ainsi que notre condition de créatures. Nous confessons l'ordre divin et nous l'acceptons avec joie au lieu de nous révolter contre lui. C'est alors que nous retrouvons toute notre dignité humaine, c'est alors que nous goûtons à la joie des fils de Dieu.

Que Marie par son exemple et par sa prière nous introduise toujours davantage sur ce chemin d'humilité et de gloire !

20ème dimanche du temps ordinaire
Matthieu 15, 21-28
2002

En ce dimanche la liturgie de la Parole nous fait entendre des versets bibliques bien difficiles à comprendre :
- « Dieu a enfermé tous les hommes dans la désobéissance pour faire miséricorde à tous les hommes ».
- « Il n'est pas bien de prendre le pain des enfants pour le donner aux petits chiens ».

En entendant ces paroles notre premier instinct serait de nous révolter, de nous indigner : ces paroles ont un effet choquant. Avant de tenter une explication de cette page d'Evangile soulignons que notre culture catholique nous met d'emblée à l'aise avec la notion d'universalité. Et que par conséquent, tout ce qui dans la Bible sent l'élitisme, le nationalisme et l'exclusion, ou encore la préférence nous déconcerte profondément. Notre culture catholique nous fait voir en Dieu créateur la source du principe d'égalité entre tous les hommes. Et nous trouvons chez saint Paul des formules allant clairement dans ce sens :
- « Dieu ne fait pas de différence entre les personnes ».
- « Dieu ne fait pas de favoritisme ».

Alors, qu'en est-il de l'Evangile de ce dimanche ? Une femme païenne s'approche de Jésus et le supplie pour sa fille. « Mais il ne lui répondit rien ». Il y a ici un contraste saisissant entre les cris de la Cananéenne et le silence de Jésus. Un contraste qui rejoint bien notre expérience de la prière de demande : combien de fois avons-nous eu l'impression que Dieu était sourd et qu'il ne répondait pas à nos demandes ? Le silence de notre Seigneur est difficile à interpréter... Connaissant Jésus nous ne pouvons pas penser au mépris ou à l'indifférence. Ce silence relève plutôt d'une pédagogie, d'une éducation de la foi. Face à un enfant qui crie pour obtenir quelque chose les parents peuvent garder le silence, ne pas répondre tout de suite : ils ne sont pourtant ni sourds ni indifférents.

L'intervention des disciples est typique : à plusieurs reprises nous la retrouvons dans les Evangiles. Ils n'aiment pas être dérangés, alors ils pressent leur Maître de donner satisfaction aux diverses demandes. Ce n'est pas la charité qui les anime, mais bien leur souci de préserver leur tranquillité, d'avoir la paix. Ils voudraient que Jésus agisse comme ces personnes qui, à force d'être dérangées par un mendiant, finissent bien par lui lâcher quelques piécettes pour s'en débarrasser.

« Je n'ai été envoyé qu'aux brebis perdues d'Israël ». Cette déclaration a son importance et nous replace devant le débat entre universel et particulier. Pour comprendre ces paroles de Notre Seigneur il faut voir que la révélation du salut se fait au cours de l'histoire. Cette révélation est donc progressive. C'est un peu comme si la Cananéenne et les disciples demandaient à Jésus de mettre la charrue avant les bœufs. Le salut que Dieu offre est bien pour tous, mais de manière progressive. Ce texte peut rappeler en un certain sens l'épisode des noces de Cana où Jésus semble traiter avec dureté la demande de sa propre mère, pourtant juive : « Femme, vas-tu te mettre dans mes affaires ? Mon heure n'est pas encore venue ». De même que Marie en persévérant dans sa demande obtiendra le signe, de même la Cananéenne en insistant obtiendra la guérison de sa fille. Dieu semble avoir tout son temps, et sa patience n'est pas la nôtre...

« Il n'est pas bien de prendre le pain des enfants pour le donner aux petits chiens ». En insistant voilà ce que la Cananéenne obtient en guise de réponse : le rappel qu'en tant que païenne elle n'est pas prioritaire... Vue sous cet angle-là voilà une réponse bien difficile à avaler ! La fine pointe est certainement ailleurs : Il s'agit d'une mise à l'épreuve, certes désagréable sur le coup mais salutaire à long terme. La réaction de cette femme est d'ailleurs admirable à tout point de vue. Son humilité et sa foi sont tellement grandes qu'elle ne semble même pas souffrir de l'épreuve imposée par Jésus. Ou bien on peut dire que cette humilité et cette foi sont justement le fruit de la pédagogie du Seigneur à son égard. Avec quel art cette femme retourne la dureté apparente du propos pour en faire une arme infaillible qui touchera le cœur du Seigneur : « Mais justement les petits chiens mangent les miettes qui tombent de la table de leurs maîtres ».

Puissions-nous user de la même humilité et de la même foi à l'égard du Seigneur Jésus, surtout quand nous traversons des épreuves et que Dieu nous semble lointain et absent.

21ème dimanche du temps ordinaire
Matthieu 16, 13-20
2008

Nous connaissons bien cette magnifique page d'Evangile qui nous rapporte en saint Matthieu la profession de foi de l'apôtre Pierre. Nous pourrions méditer tel ou tel aspect de cet événement fondateur dans le ministère public de Notre Seigneur et dans ce que l'on peut appeler l'Eglise en germe. Je me limiterai à un seul verset de cet Evangile si riche de significations. Et c'est Jésus qui parle, répondant à la profession de foi de son apôtre : *« Heureux es-tu, Simon fils de Yonas : ce n'est pas la chair et le sang qui t'ont révélé cela, mais mon Père qui est aux cieux. »*

Dans cette déclaration solennelle du Christ nous trouvons deux caractéristiques de notre foi chrétienne : notre foi est source de joie, notre foi est un cadeau.

Mettre sa foi et sa confiance dans le Christ Seigneur rend heureux. Ce n'est pas seulement à Pierre que Jésus révèle cette vérité fondamentale. Souvenons-nous des paroles du ressuscité à l'apôtre Thomas : *« Tu m'as vu et tu crois. Heureux ceux qui n'ont pas vu et qui croient. »* Oui, heureux sommes-nous, car nous avons cette immense grâce de pouvoir dire que nous croyons en Dieu Trinité : Père, Fils et Esprit-Saint ! Et notre foi est assez puissante pour transformer notre vie et notre cœur. *Notre foi nous ouvre un merveilleux chemin d'espérance avec le Christ et à sa suite.* Notre foi fait de notre vie autre chose qu'une simple répétition mécanique d'actes simplement humains : travailler, manger, boire, procréer, se divertir, consommer etc. Dans la foi, nous savons que notre quotidien prend un sens tout à fait nouveau, que nos actes les plus banals peuvent revêtir une dimension d'éternité ! Par la foi nous sommes mis en contact réel avec Dieu, source de toute vie et de tout bien : comment ne ressentirions-nous pas un bonheur profond en vivant ce contact, particulièrement dans la prière, les sacrements et la charité en actes ? Oui, heureux sommes-nous de mettre notre confiance dans le Seigneur, *car nous sommes ainsi dans la vérité de notre condition de créatures*. Et la vérité nous libère à la fois de l'orgueil et de la désespérance. Oui, heureux sommes-nous de croire à la Parole du Christ, *car nous savons que, malgré les apparences, c'est l'amour qui aura le dernier mot*, c'est l'amour qui déjà est vainqueur de tout ce qui rabaisse l'homme au rang d'animal.

Notre foi est aussi un cadeau, le plus grand de tous avec le simple fait d'exister ! C'est ce que le catéchisme nomme une grâce de Dieu, car nous ne méritons pas d'avoir la foi, pas plus que Pierre... *« Ce n'est pas la chair et le sang qui t'ont révélé cela, mais mon Père qui est aux cieux. »* Ce n'est pas par son intelligence humaine ou par son intuition personnelle que Pierre a pu reconnaître en Jésus le Messie, le Fils du Dieu vivant. Sa foi ne vient pas de lui, même si elle passe par sa liberté humaine. Sa foi comme la nôtre est révélation de Dieu, irruption de la présence aimante du Père dans sa vie. Jean, dans le sublime prologue de son Evangile, utilise les mêmes termes que Matthieu pour parler de ceux qui sont enfants de Dieu : *« A tous ceux qui l'ont accueilli, il a donné le pouvoir de devenir enfants de Dieu. Oui, quand ils ont cru en son Nom ils sont nés, mais non pas du sang ni d'un appel de la chair ni de la volonté d'un homme : ils sont nés de Dieu.* » Le baptême comme la foi sont donc des dons de Dieu. Et cela devrait nous faire réfléchir à une expression ambigüe que nous employons couramment : transmettre la foi. Or il est évident que la foi, don de Dieu, ne saurait se transmettre d'homme à homme, comme un père transmettrait son code génétique à son enfant… *Notre expérience confirme cette vérité.* Combien de parents chrétiens sont désolés de voir leurs enfants abandonner toute pratique religieuse, voire la foi elle-même, alors qu'ils pensaient avoir transmis la foi à leur progéniture ? Combien de prêtres et de catéchistes sont déçus en constatant que si peu d'enfants et de jeunes persévèrent dans la vie chrétienne alors qu'ils ont « tout fait » comme on dit ? Première communion, profession de foi et confirmation… Combien aussi de jeunes et d'adultes demandent le baptême alors qu'ils ont eu des parents athées ou indifférents ? C'est que la foi est d'ordre surnaturel. C'est que la foi est bien plus qu'un simple enseignement parmi d'autres. C'est que surtout la foi demande une pleine adhésion de notre liberté. Alors ne vivons-pas dans l'illusion de transmettre la foi ! Comme on transmettrait un héritage familial… Soyons simplement ce que nous pouvons être : des témoins en paroles et en actes de notre attachement au Christ. Le reste, le plus important, dépend de l'action de l'Esprit Saint dans les cœurs et de la Providence divine.

Je conclurai en citant un document des Evêques de France, publié en 1996, document intitulé : « Proposer la foi dans la société actuelle » :

« *Au temps où l'Eglise faisait pratiquement corps avec la société globale, malgré bien des contradictions et des affrontements, la transmission de la foi s'opérait d'une façon quasi automatique… Il était devenu difficile de vérifier l'adage selon lequel on ne naît pas chrétien, mais on le devient. Avec le recul du temps, nous devons reconnaître les inconvénients de cette situation ancienne : quand l'annonce de la foi se trouve plus ou moins réduite à la mise en œuvre de procédures quasi automatiques de transmission, des infléchissements imperceptibles peuvent se produire… La situation présente comprend des difficultés nouvelles… Paradoxalement, cette situation nous oblige à prendre la mesure de la nouveauté de la foi et de l'expérience chrétienne. Nous ne pouvons plus seulement nous contenter d'un héritage, si riche qu'il soit. Nous avons à accueillir le don de Dieu dans des conditions nouvelles et à retrouver en même temps le geste initial de l'évangélisation : celui de la proposition simple et résolue de l'Evangile du Christ. En même temps, du côté des auditeurs de la Parole, se vérifie un aspect corrélatif de la foi : ils sont amenés à accueillir cette Parole par un acte personnel d'adhésion.* » *(Pages 36 et 37).*

22ème dimanche du temps ordinaire
Matthieu 16, 21-27
2008

La liturgie nous fait méditer sur deux dimanches cette page d'Evangile si riche et si profonde de la profession de foi de Pierre. D'où l'introduction donnée par l'Eglise à l'Evangile de ce dimanche : Pierre avait dit à Jésus : « Tu es le Messie, le Fils du Dieu vivant. » La première partie de cette page évangélique, entendue dimanche dernier, respirait l'espérance et la gloire. Avec l'annonce de la Passion nous sommes confrontés à la face rugueuse et difficile de cette même page.

Et Pierre *qui vient de professer sa foi sous l'inspiration de l'Esprit Saint* va se heurter à l'annonce de la Passion : « Dieu t'en garde, Seigneur ! Cela ne t'arrivera pas ». La sévérité avec laquelle Jésus lui répond nous montre que Pierre ne se laisse pas encore guider entièrement par l'Esprit Saint. Il y a encore en lui des pensées trop humaines, des pensées qui l'empêchent de pénétrer plus avant dans le mystère du Messie tel que son Maître veut le lui révéler. Comment le Fils du Dieu vivant peut-il annoncer sa mort et une mort ignominieuse ? Cela semble contradictoire, c'est un scandale... Pierre s'est heurté violemment à cette annonce de la mort en croix. Il a oublié une autre annonce, celle de la résurrection le troisième jour... Peut-être était-il alors incapable de comprendre ce que pouvait bien être la résurrection ? *Ne lui jetons surtout pas la pierre à ce pauvre Pierre !* Nous avons beau être chrétiens, nous n'acceptons pas facilement les épreuves et les souffrances de notre vie humaine... Nous avons beau être chrétiens, nous sommes lents à croire que la résurrection et la vie éternelle sont des réalités essentielles... Nous sommes comme Pierre et les premiers apôtres : très terre à terre.

Et voilà que Jésus va profiter de cette incompréhension de Pierre pour enseigner tous les disciples : « *Celui qui veut sauver sa vie la perdra, mais qui perd sa vie à cause de moi la gardera.* » Et par deux questions le Seigneur nous montre l'enjeu de toute notre vie : « Quel avantage en effet un homme aura-t-il à gagner le monde entier, s'il le paye de sa vie ? Et quelle somme pourra-t-il verser en échange de sa vie ? »

Avant de méditer ces formules qui nous semblent au premier abord rebutantes, contemplons une fois encore le Messie, le Fils du Dieu vivant. Il s'est présenté à nous comme le chemin, la vérité et *la vie*. Au matin de Pâques les deux hommes en habits éblouissants, des anges probablement, donnent aux saintes femmes la clef de lecture de tout ce qui vient de se passer : « Pourquoi chercher *le Vivant* parmi les morts ? Il n'est pas ici, il est ressuscité.[61] »

« *Qui perd sa vie à cause de moi la gardera.* » Dans cet enseignement du Seigneur, il est impossible de voir le mépris de notre vie humaine. Jésus est la Vie, et c'est par Lui que nous avons l'existence. Nous sommes créés par le Père dans le Fils. Alors que signifie donc perdre sa vie à cause de Jésus ? Un premier sens est clair : il s'agit des persécutions que les premiers chrétiens, et bien d'autres à leur suite, auront à endurer pour demeurer fidèles à leur foi. En apparence ils perdaient leur vie... Mais il la gardait en fait pour la vie éternelle. Jésus veut pour nous la Vie avec un grand V : la vie humaine transfigurée par l'amour de Dieu en vie divine, et c'est ce qui commence avec le baptême et l'acte de foi en Jésus Sauveur. La parole du psaume 62 nous éclaire : « *Ton amour vaut mieux que la vie.* » Le vrai chrétien est en effet prêt à renoncer à sa vie physique pour demeurer en communion avec son Dieu. Ce n'est pas du suicide. Simplement il comprend que ce qui donne valeur à sa vie humaine c'est justement l'amour du Seigneur. Et que par conséquent renier cet amour, c'est renier ce qui est au fondement même non seulement de la vie éternelle mais aussi de la vie que nous menons sur cette terre. « Perdre sa vie à cause de Jésus » peut aussi avoir un autre sens dans notre

---

[61] Luc 24, 5.6

spiritualité chrétienne. Cela peut signifier donner à Dieu, à son amour, à notre foi la première place dans notre vie humaine. C'est une question de priorité, de hiérarchie. *« Quel avantage un homme aura-t-il à gagner le monde entier, s'il le paye de sa vie ? »* « Perdre sa vie à cause de Jésus », c'est comprendre que si nous cherchons d'abord le Royaume de Dieu et sa justice, tout le reste nous sera donné par surcroit. Dans ce sens perdre sa vie, c'est vraiment la garder, la faire fructifier. L'apôtre Paul a parfaitement compris ce sens spirituel lorsqu'il écrit aux chrétiens de Rome : « *Je vous exhorte, mes frères, par la tendresse de Dieu, à lui offrir votre personne et votre vie en sacrifice saint, capable de plaire à Dieu : c'est là pour vous l'adoration véritable.* »

23ème dimanche du temps ordinaire
Matthieu 18, 15-20
<u>2008</u>

  La rentrée scolaire est faite... après la coupure estivale nous reprenons chacun chacune nos activités ordinaires... Notre paroisse qui vit au rythme de l'année scolaire propose à nouveau aux enfants et aux jeunes les activités du catéchisme et de l'aumônerie...
Et voilà que l'Evangile de cette messe nous parle de « *correction fraternelle* » pour reprendre l'expression traditionnelle. Avant d'entrer dans le vif du sujet, un sujet difficile, regardons la différence qui existe entre Matthieu et Luc sur ce point. St. Matthieu développe ce thème et en fait un pilier de la vie communautaire, de la vie en Eglise. St. Luc, lui, est beaucoup plus bref et donne à la correction fraternelle un aspect personnel : « *Si ton frère pèche contre toi, reprends-le, et s'il regrette, pardonne-lui. S'il pèche contre toi sept fois le jour et que sept fois il revienne vers toi en disant : 'je regrette', tu lui pardonneras.*[62] » Luc, évangéliste de la miséricorde, situe la correction fraternelle dans le contexte du pardon mutuel. Matthieu ne mentionne pas le pardon. Enfin Luc ne parle pas du péché en général (« *Si ton frère a commis un péché...* ») mais bien du péché dont je suis la victime (« *Si ton frère pèche contre toi...* »).
« *Si ton frère a commis un péché, va lui parler seul à seul et montre-lui sa faute...* ». Baptisés, nous sommes chacun pour notre part les membres du Corps du Christ, les membres de l'Eglise. Jésus demande à ses disciples de vivre la dimension communautaire, donc fraternelle, de leur foi. Ce qui ne revient pas, bien sûr, à oublier la dimension personnelle de toute vie chrétienne. Dans la communauté chrétienne nous sommes responsables les uns des autres, nous sommes solidaires. Ce qui fait dire à l'apôtre Paul : « *Tous les membres doivent pareillement se préoccuper les uns des autres. Si l'un des membres souffre, tous souffrent avec lui. Si l'un des membres est mis à l'honneur, tous se réjouissent avec lui.*[63] » Dans le contexte contemporain de notre société, cette idée de correction fraternelle est d'emblée mal reçue, perçue comme une violation de la sphère privée et individuelle. Nous sommes attachés, et avec raison, à l'exercice de la conscience personnelle. L'Evangile de ce dimanche nous rappelle cependant que nous ne pouvons pas être chrétiens de manière individualiste. C'est en effet par l'Eglise que je connais le Christ et que je reçois ses dons. Et c'est aussi dans l'Eglise que je suis appelé à vivre selon l'enseignement de l'Evangile.
Alors comment pouvons-nous pratiquer cette correction fraternelle les uns envers les autres ? La réponse à cette question très concrète n'est pas évidente. Je vous propose simplement quelques repères capables de nous aider à y voir plus clair. Le plus fondamental me semble être le suivant : qu'est-ce qui me motive profondément lorsque je vais voir mon frère pour lui dire qu'il s'engage sur un mauvais chemin ? Le bien de mon frère, son salut ou autre chose ? Si ma démarche n'est pas inspirée par l'amour de mon prochain, c'est le signe qu'elle n'est pas selon l'esprit de l'Evangile : « *Ne gardez aucune dette envers personne, sauf la dette de l'amour mutuel* ». Si c'est vraiment l'amour qui m'anime, alors je dois en quelque sorte peser le pour et le contre. Dans ces circonstances concrètes (et surtout pas de manière générale), que vaut-il mieux faire pour le bien de mon frère ? Parler ou me taire. Un autre repère pourrait être le suivant : suis-je capable d'accepter la correction fraternelle de la part des autres ? Si ce n'est pas le cas, c'est que je manque d'humilité, et alors il vaudrait peut-être mieux m'abstenir... Enfin nous pouvons trouver un autre repère dans le même Evangile, quelques chapitres plus haut, avec l'histoire bien connue de la paille et de la poutre : « *Quoi ! Tu vois la paille dans l'œil de ton*

---

62 Luc 17, 3b.4

63 1 Corinthiens 12, 25.26

frère et tu ne remarques pas la poutre qui est dans le tien ? Et tu vas dire à ton frère : 'Laisse-moi t'enlever de l'œil cette paille', alors que la poutre reste là dans ton œil ! Mais tu joues la comédie ! Enlève d'abord de ton œil la poutre, et ensuite tu verras comment enlever la paille de l'œil de ton frère.[64] » C'est bien sûr une question de cohérence. Je ne vais pas par exemple reprocher à mon frère son avarice à la quête si moi-même je me débarrasse chaque dimanche de mes pièces en centimes d'euro ! Bref la correction fraternelle doit toujours être un bien pour la personne concernée, une démarche qui va lui permettre de progresser et d'avancer selon la volonté de Dieu. En sachant que nous obtenons beaucoup plus par la douceur et la patience que par la dureté et la sévérité… Dans certains cas nous devons montrer la faute mais toujours dans une atmosphère d'amour : « *L'amour ne fait rien de mal au prochain. Donc, l'accomplissement parfait de la Loi, c'est l'amour.* »

---

[64] Matthieu 7, 3-5

24ème dimanche du temps ordinaire
Matthieu 18, 21-35
2011

Avec l'Evangile de ce dimanche nous écoutons à nouveau l'enseignement de Jésus sur la vie en communauté. Dimanche dernier nous avons vu que dans l'Eglise, rassemblement des chrétiens, nous avions à pratiquer la correction fraternelle. Aujourd'hui c'est l'importance du pardon mutuel qui est mise en avant. Une communauté chrétienne authentique se reconnaît au fait que le pardon y est donné et reçu, non seulement à travers le sacrement de la confession, mais aussi dans les rapports que les chrétiens entretiennent les uns avec les autres. Un vrai chrétien non seulement est capable de pardonner mais il est aussi capable de demander pardon lorsqu'il a blessé l'un de ses frères.

Comme souvent l'enseignement du Seigneur part d'une question qui lui est posée : Pierre demande jusqu'à combien de fois il faut pardonner à un frère qui nous a offensé. Et il veut se montrer généreux en proposant : « Jusqu'à sept fois ? » La réponse de Jésus déplace immédiatement le débat à un autre niveau, celui-là même de Dieu : « Jusqu'à soixante-dix fois sept fois ». Pierre se situait à un niveau très humain, celui où l'on fait des comptes. Jésus lui répond qu'il ne faut jamais compter dans le pardon que nous avons à donner. Le chrétien est un imitateur de Dieu. La miséricorde du Seigneur à notre égard n'a pas de limites, elle est infinie. De la même manière notre pardon devrait pouvoir être accordé autant de fois que cela est nécessaire.

Pour illustrer son enseignement Jésus va utiliser une parabole du Royaume des cieux. C'est intéressant, car pour nous parler de la vie en Eglise, le Seigneur nous montre le Royaume des cieux. Ce qui signifie que l'Eglise n'est pas une association parmi tant d'autres, une œuvre de bienfaisance ou encore une réalité simplement humaine. L'Eglise est divine ou elle n'est pas. Sa vie vient de Dieu par le Christ dans l'Esprit. Et les lois qui régissent son organisation, même si elles comportent une part humaine, doivent refléter la vie même du Royaume. Ce sont des lois surnaturelles. La parabole se comprend d'elle-même. Jésus n'invente rien comme en témoigne notre première lecture tirée de l'Ancien Testament. Il rappelle la loi divine du pardon et de la miséricorde en la libérant de toute limitation. La parabole nous redit avec force que nous devons être cohérents : il serait étrange d'attendre de la part de Dieu sa pitié si nous nous montrons incapables de compassion les uns envers les autres. Nous sommes heureux lorsque Dieu se montre patient et miséricordieux à notre égard. Nous devrions être heureux de pouvoir l'imiter dans nos relations avec nos frères dans la foi et avec tous les hommes. La parabole nous renvoie à ce que nous demandons dans le Notre Père. Souvenons-nous du commentaire que Jésus en donne dans le même Evangile selon saint Matthieu : « Sachez-le : si vous pardonnez aux autres leurs offenses, votre Père céleste vous pardonnera aussi. Mais si vous ne pardonnez pas aux autres, votre Père non plus ne vous pardonnera pas vos offenses ».

Ce qui fait que l'histoire de notre monde ainsi que nos histoires personnelles ressemblent parfois à un avant-goût de l'enfer, c'est bien notre incapacité ou notre refus de pardonner et de demander pardon. Nous savons où mène la logique de la rancune, de la colère, de la vengeance : à une augmentation sans fin de la violence. Les pardons que nous avons à accorder ne se ressemblent pas : il y a des petits pardons et des grands pardons. Ce n'est évidemment pas la même chose de pardonner à celui qui m'a insulté et de pardonner à celui qui a tué tous les membres de ma famille... Ce n'est pas parce que nous nous sentons parfois incapables de pardonner que nous devons pour autant renoncer à cette exigence de l'Evangile. C'est souvent un long chemin que nous avons à parcourir. Autant blesser autrui est un acte rapide, autant la réconciliation demande beaucoup de temps. Le bien et le mal n'ont pas le même rapport au temps. Si nous avons encore des pardons à donner ou à demander, ayons foi dans l'aide du Seigneur qui nous permettra d'avancer sur ce chemin. C'est avec beaucoup de prière pour celui qui m'a offensé et par des petits actes que je parviendrai à pardonner à mon frère de tout mon cœur.

25ème dimanche du temps ordinaire
Matthieu 20, 1-16
2011

Lorsque nous entendons parler du Royaume des cieux dans les Evangiles nous pensons spontanément au paradis, c'est-à-dire à cet état de communion parfaite avec Dieu Trinité et entre nous, état que nous ne pouvons vivre qu'en acceptant de passer par la mort physique avec le Christ. La parabole des ouvriers envoyés à la vigne est une parabole du royaume des cieux qui nous parle de travail... Cela signifie que ce royaume des cieux est déjà une réalité présente dans notre existence humaine, et l'Eglise en est la manifestation la plus évidente. Cette parabole nous parle donc de la réponse que nous donnons au maître du domaine, c'est-à-dire Dieu. Ce domaine représente tout autant la création que l'Eglise. Vous avez compris que la pointe de la parabole porte sur le moment de notre vie où nous percevons l'appel de Dieu et où nous y répondons positivement. Certains parmi nous sont chrétiens depuis leur enfance, d'autres ont connu l'Evangile plus tard etc. Aux yeux du maître du domaine nous sommes tous égaux, tous ouvriers dans une même vigne. Jésus ne prétend pas bien sûr nous donner une leçon de morale économique et c'est volontairement qu'il choque notre bon sens. Pour bien nous montrer à quel point les pensées de son Père ne sont pas les nôtres... Dans la première lecture Isaïe nous dit que les pensées de Dieu sont au-dessus des nôtres. Nous rappelant ainsi que si Dieu s'est fait tout proche de nous, même l'un de nous par l'incarnation, il demeure aussi le tout autre, il est transcendant comme le soulignent les philosophes. Et c'est ce qui fait que nous avons bien du mal à comprendre et à accepter ses chemins... Donc Jésus nous choque volontairement. Il semble nous montrer un Dieu arbitraire et injuste qui traite les derniers venus de la même manière que les premiers... Et pourtant le maître du domaine promet à ceux qu'il embauche à la 9ème heure de leur donner ce qui est juste. Il faut ainsi nous rendre à l'évidence : ce maître est juste. Simplement sa justice n'est pas une justice humaine, une justice distributive, celle qui doit être pratiquée dans le monde du travail. De fait le salaire qui est donné aux ouvriers, le même pour tous, ne doit pas nous tromper sur la relation qui existe entre Dieu et ses créatures. En prenant ce détail de la parabole au pied de la lettre nous ferions de notre relation avec Dieu un troc, un échange commercial. Le fait justement que les derniers reçoivent autant que les premiers nous montre bien que ce salaire n'en est pas un dans le sens habituel du terme. Dans l'Evangile selon saint Luc, Jésus donne la conclusion suivante à une petite histoire qu'il raconte aux disciples :
De même vous aussi, quand vous aurez fait tout ce que Dieu vous a commandé, dites-vous : 'Nous sommes des serviteurs quelconques : nous n'avons fait que notre devoir.'
Bref nous n'avons pas à tirer une quelconque fierté d'avoir répondu « oui » à l'appel du maître. Que nous ayons commencé le matin ou en fin d'après-midi ne change rien au fait que travailler dans la vigne du Seigneur est une grâce. Nous ne sommes pas embauchés par lui parce que nous serions les meilleurs ouvriers du monde. Alors le vrai et juste salaire que Dieu nous promet, ne serait-ce pas simplement le fait de

pouvoir travailler dans sa vigne ? Le salaire de notre travail, dans et pour le Royaume des cieux, c'est notre travail lui-même. Ce travail comporte en lui-même sa propre récompense. Pour le chrétien le vrai salaire n'est-ce pas de savoir qu'il accomplit la volonté de Dieu ? Nous comprenons alors pourquoi tous reçoivent un salaire identique dans notre parabole. Cette parabole veut arracher de notre cœur l'idée selon laquelle nous mériterions par nos bonnes actions de travailler dans la vigne du Seigneur. C'est une parabole du don de Dieu. Dimanche dernier nous avons entendu le Seigneur nous demander de pardonner sans poser aucune limite. Ce dimanche nous contemplons la bonté du Seigneur à notre égard, une bonté qui n'a, elle aussi, aucune limite : « Vas-tu regarder avec un œil mauvais parce que moi, je suis bon ? » La justice de Dieu ne peut pas se comprendre sans cette référence à sa bonté. Et c'est en cela qu'elle est très différente de l'idée humaine de justice. On ne demande pas à un juge humain d'être bon, on lui demande d'appliquer la même loi à tous sans aucune partialité. C'est en raison de sa justice surnaturelle que Dieu renverse les classements humains : « Ainsi les derniers seront premiers, et les premiers seront derniers ».

26ème dimanche du temps ordinaire
Matthieu 21, 28-32
2011

Après la parabole des ouvriers employés dans la vigne, Jésus utilise à nouveau l'image de la vigne dans la petite histoire qu'il nous raconte en ce dimanche. Mais le contexte n'est pas le même. Nous ne sommes plus dans la montée vers Jérusalem. Nous sommes à Jérusalem. Le Seigneur y est entré humblement monté sur un âne et acclamé par la foule. Dans le temple il a montré son autorité de Fils de Dieu en chassant les marchands et en renversant les tables des changeurs. Ce qui, bien sûr, a provoqué une vive réaction de la part du clergé : « De quelle autorité fais-tu tout cela ? Qui t'a chargé de le faire ? » Pour comprendre notre Evangile il nous faut entendre la réponse que Jésus donne aux chefs des prêtres : « Moi aussi je vais vous poser une question, une seule : Quand Jean s'est mis à baptiser, était-ce une initiative du Ciel, ou bien humaine ? » Ce qui précède notre Evangile est donc une situation de conflit entre les chefs des prêtres et Jésus. Ce conflit qui conduira le Seigneur à la croix porte sur la question de l'autorité : celle de Jean-Baptiste et celle de Jésus. D'où la fin de cette page évangélique : « Jean-Baptiste est venu à vous, vivant selon la justice, et vous n'avez pas cru à sa parole ; tandis que les publicains et les prostituées y ont cru. Mais vous, même après avoir vu cela, vous ne vous êtes pas repentis pour croire à sa parole ».

Le centre d'intérêt de l'histoire des deux fils se situe exactement là. Il y a pour chacun de nous une alternative réelle : soit l'ouverture du cœur à la volonté de Dieu, soit au contraire notre endurcissement, notre refus de croire en l'autorité de Dieu et de ses prophètes. Le fils qui dit « oui » mais n'agit pas en conséquence représente bien cet endurcissement du cœur. Le danger sournois mais bien réel pour les chrétiens pratiquants que nous sommes est le même qui menaçait les chefs des prêtres à l'époque de Jésus. Nous pouvons en effet avoir l'impression de dire « oui » et de faire la volonté du Père car nous prions, nous participons à la messe etc. Mais au fond notre cœur peut très bien rester endurci. Tout simplement parce que nous considérons que nous ne sommes plus en chemin, nous nous croyons peut-être arrivés au but. La conversion est une réalité que nous appliquons d'abord aux autres. Nous ne ressentons pas ce besoin intérieur de nous remettre en question et donc en route à la lumière de la parole du Seigneur et des enseignements de l'Eglise. L'histoire des deux fils nous donne un critère de jugement sur la qualité de notre vie chrétienne. Dieu seul la connaît car Lui seul connaît le fond de notre cœur et ce qui nous motive vraiment dans la vie. Mais Jésus nous rappelle l'importance des actes concrets, de l'engagement réel, qui, seuls, authentifient notre parole, le « oui » que nous disons à Dieu. Si notre cœur est vraiment en communion avec le Christ, alors ce qu'affirme notre bouche descendra jusque dans nos membres, nos mains, nos bras, nos jambes et deviendra travail effectif dans la vigne du Royaume de Dieu. Ce critère de l'action en conformité avec l'Evangile nous est rappelé dans un autre passage du même Evangile :

Il ne suffit pas de me dire : 'Seigneur, Seigneur !', pour entrer dans le Royaume des cieux ; mais il faut faire la volonté de mon Père qui est aux cieux.

Je terminerai en me référant à la vie de l'apôtre Paul. Il faisait partie en Israël de ceux qui pensaient faire la volonté de Dieu. En bon pharisien il devait même tirer une certaine fierté de son observance de la loi juive. Il pensait sincèrement faire la volonté de Dieu en persécutant les chrétiens. Mais son amour zélé de la loi juive l'avait en fait enfermé dans un système religieux. La loi était devenue plus importante que Dieu lui-même. Pour sortir Paul de cet endurcissement du cœur il a fallu une manifestation du Ressuscité sur la route de Damas. Il a ainsi été saisi par le Christ et s'est converti. Le plus intéressant pour nous, c'est que, des années après sa conversion, l'apôtre Paul, pourtant si généreux, se considère toujours en chemin. Le « oui » qu'il a dit au Christ, il sait qu'il doit le répéter chaque jour par ses actes et par ses choix. Et cela le conduira jusqu'au témoignage suprême du martyr. C'est ainsi que Paul a gardé un cœur ouvert à la nouveauté que la présence de Dieu produit toujours dans la vie de ceux qui l'accueillent : Certes, je ne suis pas encore arrivé, je ne suis pas encore au bout, mais je poursuis ma course pour saisir tout cela, comme j'ai moi-même été saisi par le Christ Jésus. Frères, je ne pense pas l'avoir déjà saisi. Une seule chose compte : oubliant ce qui est en arrière, et lancé vers l'avant, je cours vers le but pour remporter le prix auquel Dieu nous appelle là-haut dans le Christ Jésus.

27ème dimanche du temps ordinaire
Matthieu 21, 33-43
2008

Depuis quelques semaines le Seigneur utilise chaque dimanche l'image de la vigne pour nous parler du Royaume des cieux : la parabole des ouvriers employés à la vigne, la parabole des deux fils et aujourd'hui *celle des vignerons assassins*. La liturgie de la Parole fait résonner à nos oreilles la merveilleuse symphonie des Ecritures. Nous contemplons ce rapport entre l'Ancien Testament (Isaïe et le psaume) et le Nouveau. Jésus reprend l'image d'Isaïe tout en la modifiant. C'est pour cette raison que nous devons d'abord bien comprendre le message du prophète.

Dans notre première lecture Dieu est l'ami. Un ami qui aime et soigne sa vigne. Et quand on aime on ne compte pas… « Pouvais-je faire pour ma vigne plus que je n'ai fait ? » Au plus nous aimons quelqu'un, au plus nous attendons de lui beaucoup… Isaïe insiste sur *cette attente amoureuse de Dieu* vis-à-vis du plan qu'il chérissait. Et voilà que cette attente a été terriblement déçue. La maison d'Israël, les habitants de Juda, ont donné de mauvais raisins… Nous savons humainement parlant ce que c'est que d'être déçu par un être aimé. Eh bien c'est ce sentiment qui est comme transposé au niveau du cœur de Dieu. Ce peuple qu'il aime tant ne lui rend qu'ingratitude et indifférence.

Des siècles après Isaïe, Jésus reprend donc l'image de la vigne en s'adressant aux chefs des prêtres et aux pharisiens. La parabole des vignerons assassins a cependant son originalité. Il ne nous est pas dit que les raisins soient mauvais. Ce sont les vignerons qui sont mauvais. Et cette image de la vigne et des vignerons permet au Seigneur de nous raconter *toute l'histoire du salut*, une histoire dramatique à bien des égards. Le propriétaire du domaine, le Créateur, donne sa vigne en fermage à des vignerons *et part en voyage*. Belle image pour signifier que Dieu nous confie sa création et désire que nous exercions pleinement notre responsabilité de gérants. Oui, il part en voyage, car il n'est pas là derrière nous en doublon pour surveiller tout ce que nous faisons ou encore pour nous diriger comme si nous n'étions pas libres. Quand Dieu confie à l'homme sa création, il lui fait totalement confiance. Et c'est avec sa liberté et son intelligence que l'homme doit cultiver cette vigne de telle sorte qu'elle donne beaucoup de beaux fruits. *Et voilà que le moment de la vendange arrive*… Le Père envoie ses serviteurs. Nous pouvons penser à tous les prophètes de l'Ancienne Alliance. Les vignerons les accueillent fort mal, vont même jusqu'à les tuer. Car ils ne veulent pas rendre le produit de la vigne au maître du domaine. Ils oublient que la vigne leur a été donnée et confiée par Dieu. Ils veulent se l'accaparer de manière ingrate et injuste. Ils ne veulent pas dire merci au Créateur pour son don merveilleux. Mais le maître du domaine ne se décourage pas et envoie d'autres serviteurs plus nombreux que les premiers… Rien n'y fait, les vignerons ont endurci leur cœur et s'enferment dans leur cupidité. « *Finalement, il leur envoya son fils, en se disant : 'ils respecteront mon fils.'* » Et les vignerons ne se laissent pas davantage fléchir : ils se saisirent de lui, le jetèrent hors de la vigne et le tuèrent. Jésus, c'est évident, parle de lui-même, et annonce sa Passion désormais toute proche. Oui, il mourra en dehors de la Ville Sainte, sur le mont Golgotha, hors de la vigne. Et les vignerons ce sont bien les chefs des prêtres et les pharisiens auxquels il adresse cet enseignement. Ce qui est dit ici de l'histoire du salut par une parabole, *l'auteur de la lettre aux Hébreux le résume lui aussi de manière magnifique* : « Dieu dans le passé avait parlé à nos pères à bien des reprises et de bien des façons par les prophètes, mais en ces jours qui sont les derniers, il nous a parlé par le Fils. C'est par lui que Dieu a disposé les temps de la création[65], et c'est lui que Dieu a fait le destinataire de toutes choses. » Mais l'amour n'est pas

---

65   Hébreux 1, 1.2

aimé, la Parole n'est pas accueillie, et c'est ce qui rend l'histoire de notre salut dramatique et violente. Le texte liturgique ne nous donne pas la conclusion de la parabole. La voici : « Les chefs des prêtres et les pharisiens écoutaient ces paraboles, et ils comprirent que Jésus parlait pour eux. Ils auraient voulu s'emparer de lui, mais ils craignaient la foule qui voyait en Jésus un prophète. »

Membres de l'Eglise, nous sommes ces nouveaux vignerons à qui le Père a confié son Royaume. Nous devons produire du fruit en abondance. Chrétiens, nous aussi, nous pouvons être tentés de la même manière que les élites religieuse d'Israël autrefois. Tentés de garder le trésor de la foi pour nous. Tentés de nous faire les propriétaires et les maîtres de l'Eglise-nouvelle vigne. Nous pouvons être, nous aussi, des ingrats et des injustes. Il n'y a pas pire péché que l'endurcissement du cœur. Alors de tout notre cœur accueillons Jésus Vivant et sa Parole pour changer de vie et de mentalité avant qu'il ne soit trop tard...

28ème dimanche du temps ordinaire
Matthieu 22, 1-14
2011

Il existe un lien évident entre la parabole de ce dimanche et celle entendue dimanche dernier. Dans ces deux histoires Dieu ne cesse d'envoyer ses serviteurs les prophètes aux hommes. Son amour est patient. C'est inlassablement que le Seigneur nous rappelle notre vocation de fils de Dieu. Face à cette persévérance divine la réponse humaine se décline en trois attitudes : indifférence, refus et violence. La raison profonde de ces attitudes, c'est bien notre ingratitude. Ingratitude qui atteint son sommet avec la crucifixion de Jésus. La parabole de ce dimanche nous montre un roi (Dieu) qui célèbre les noces de son Fils (Le Christ) avec l'humanité. En effet ces noces ont commencé dans le sein de la Vierge Marie lorsque la Parole de Dieu a voulu prendre notre condition humaine. C'est par le mystère de l'incarnation que Jésus, dès la crèche, épouse notre humanité et se fait le frère de chacun d'entre nous. L'accomplissement de ces noces, dont nous parle la parabole, c'est le Royaume de Dieu. Entre Noël et l'accomplissement final (la célébration des noces dans le Royaume) nous vivons le temps de l'Eglise. Et chaque messe du dimanche est une anticipation du repas nuptial : « Voici l'Agneau de Dieu qui enlève les péchés du monde ; heureux ceux qui sont invités au festin des noces de l'Agneau ! ». La première partie de notre parabole s'achève ainsi : « Le repas est prêt, mais les invités n'en étaient pas dignes ». Comment expliquer que non seulement le peuple d'Israël mais aussi chacun d'entre nous, à des degrés divers, nous refusons de répondre à l'invitation divine ? Les invités ne veulent pas venir. Telle est la première réaction. Dans notre vie quotidienne nous n'aimons pas être dérangés, surtout quand nous faisons quelque chose qui nous intéresse ou nous passionne. La deuxième réaction met en avant notre travail (champ et commerce). Le travail est une réalité bonne par laquelle nous gagnons notre vie et rendons un service à la société. Mais dans notre religion il y a un jour consacré au Seigneur, un jour de cessation du travail. Pour empêcher qu'il ne devienne une idole, un obstacle sur notre route avec Dieu. La tentation de notre activité professionnelle, c'est l'appât du gain, l'amour immodéré du profit et de l'argent. Saint Paul enseigne à Timothée que « l'amour de l'argent est la racine de tous les maux ». Et le prix Nobel d'économie Joseph Stiglitz dénonce le triomphe actuel de la cupidité et ses conséquences désastreuses pour des millions de personnes sur notre planète. Nous n'aimons pas être dérangés et voilà que Dieu vient nous déranger dans nos activités lucratives ou nos divertissements pour nous inviter à partager sa joie dans le Royaume. D'où aussi la troisième réaction : ceux qui sont invités finissent par tuer ces empêcheurs de tourner en rond que sont les serviteurs du roi, en l'occurrence les prophètes d'hier et d'aujourd'hui. Pourquoi donc notre refus de goûter à la joie du Royaume ? C'est probablement parce que le bonheur du Ciel nous semble abstrait et lointain. Alors nous lui préférons les bonheurs que nous pouvons obtenir sur cette terre maintenant et de manière concrète. Cela rejoint l'enseignement de la parabole du semeur :

Et il y en a d'autres qui ont reçu la semence dans les ronces : ceux-ci entendent la Parole, mais les soucis du monde, les séductions de la richesse et tous les autres désirs les envahissent et étouffent la Parole, qui ne donne pas de fruit. Ayant vu pourquoi il nous est si difficile d'écouter l'appel du Seigneur à participer aux noces de son Fils, nous pouvons trouver un remède. Et ce remède consiste tout simplement à faire dès maintenant l'expérience de la joie de Dieu. Comment est-ce possible ? J'ai déjà parlé de notre participation à la messe du dimanche, anticipation réelle du festin des noces de l'Agneau. Mais sans une vie de prière personnelle notre participation à la messe risque de devenir routinière. Pour répondre à l'invitation du Seigneur, nous devons être prêts et vigilants, même au milieu de toutes nos activités humaines. Ce qui nous permet d'être prêts, c'est chaque jour la relation personnelle que nous nouons avec Dieu dans la prière, la méditation de sa Parole et la lecture spirituelle. La vie de prière ressemble parfois à une traversée du désert, nous ne ressentons pas la présence de Dieu, il semble absent. Mais si nous persévérons malgré tout en renouvelant notre acte de foi et d'amour, si nous lui demeurons fidèles, alors nous vivrons vraiment de sa joie en profondeur. Nous pouvons nous appuyer sur sa promesse : « Votre joie, personne ne vous l'enlèvera ». Grâce à cette expérience de vie dans l'Esprit Saint la joie du Royaume ne sera plus pour nous une réalité abstraite et lointaine, donc inintéressante. Ayant déjà goûté en nous et dans notre vie les fruits de l'Esprit (amour, joie et paix), nous aurons faim de Dieu et soif de sa présence.

29ème dimanche du temps ordinaire
Matthieu 22, 15-21
2011

Nous continuons en ce dimanche notre lecture de la section de l'Evangile selon saint Matthieu consacrée au ministère public de Jésus après son entrée dans Jérusalem. Nous sommes donc dans ce temps entre le jour des rameaux et la Passion. Matthieu consacre 5 chapitres de son Evangile aux derniers jours de la prédication du Seigneur dans la ville sainte. Le contexte n'est plus du tout le même que celui du ministère public de Jésus en Galilée. C'est un contexte tendu et dramatique, l'opposition à l'enseignement de Jésus étant devenue de plus en plus forte. La page d'Evangile de cette liturgie est bien connue de tous. Elle fait partie de ces moments de vives discussions entre les pharisiens et le Seigneur. Ici les pharisiens échafaudent un plan pour tendre un piège à Jésus en lui posant une question embarrassante : celle de l'impôt dû à l'empereur. Ces hommes, traités d'hypocrites par Jésus, ne cherchent pas la vérité. Le débat n'est pour eux qu'une occasion de triompher de celui qu'ils ont pris en haine et de le mettre en difficulté. La perversité et la mesquinerie de leur méthode est malheureusement d'une grande actualité. Combien de soi-disant « débats » politiques ne sont en fait que des joutes oratoires pour faire tomber l'autre ? Et ne parlons pas de certaines séances à l'assemblée nationale, séances qui devraient faire honte à ceux qui se comportent comme des gamins dans une cour de récréation alors qu'ils sont censés débattre démocratiquement en vue du bien commun. Non seulement les pharisiens sont pervers mais ils utilisent même la flatterie la plus basse pour essayer de dissimuler leur manœuvre : « Maître, tu es toujours vrai etc. » Les Juifs subissent à l'époque de Jésus l'occupation romaine comme une humiliation insupportable. Dans leur culture religieuse être gouverné par un non-Juif donc par un païen est tout simplement insupportable. Certains sont toutefois prêts à collaborer avec le pouvoir romain alors que d'autres ne cessent de fomenter des séditions pour se libérer du joug impérial. Payer l'impôt à César c'est reconnaître en quelque sorte la légitimité de son pouvoir. S'il y avait des changeurs dans le temple, changeurs malmenés par Jésus, c'était parce que l'on considérait comme impie le fait d'acheter les animaux pour les sacrifices avec des pièces de monnaie païennes. Comme souvent Jésus ne répond pas directement, évitant ainsi de tomber dans le piège qui lui est tendu. Il fait simplement remarquer à ses opposants que la monnaie qu'ils utilisent couramment dans leur vie est celle émise par l'empereur. D'où la célèbre réponse : « Rendez donc à César ce qui est à César, et à Dieu ce qui est à Dieu ». Ce qui signifie d'abord : payez l'impôt à César, cela ne vous empêchera pas d'adorer Dieu et d'être de bons Juifs. Dans un sens plus profond cette parole du Seigneur, souvent oubliée dans l'histoire de l'Eglise, fonde nettement la distinction entre la sphère politique et la sphère religieuse. Pour le dire autrement le pouvoir temporel et le pouvoir spirituel ne doivent pas se confondre. Jésus énonce ici le principe de la laïcité. A ne pas confondre avec le laïcisme qui veut exclure de la vie sociale toute manifestation religieuse. L'oubli de ce principe a commencé très tôt dans l'histoire de la chrétienté. Le premier Concile de l'Eglise (Nicée en 325) a été convoqué et présidé par Constantin et non pas par le pape ! Mais c'est Théodose qui, dès la fin du 4e siècle, a fait du catholicisme la religion d'Etat et qui a interdit les sacrifices païens, fermé les temples et persécuté les païens. Les persécutés sont ainsi devenus à leur tour persécuteurs parce qu'ils ont adopté la manière romaine de gérer le rapport du religieux avec la vie civile. Pourquoi les chrétiens ont-ils été persécutés ? Parce qu'ils refusaient de sacrifier à l'empereur divinisé. Non pas parce qu'ils avaient créé une nouvelle religion. Mais bien parce que leur refus de sacrifier était interprété comme un manque de civisme. Théodose, l'empereur qui se prétendait très chrétien, est aussi l'empereur qui a ordonné le massacre de 7000 habitants de Thessalonique en raison de leur révolte. L'évêque de Milan, Ambroise, l'a excommunié sur le champ. Comme quoi le principe édicté par Jésus est précieux pour éviter aux chrétiens que nous sommes de nous engager dans des impasses. Ne confondons jamais le Royaume de Dieu avec les puissants de ce monde et leur pouvoir.

30ème dimanche du temps ordinaire
Matthieu 22, 34-40
2011

Comme dimanche dernier les pharisiens envoient auprès de Jésus l'un des leurs, un docteur de la Loi, pour lui tendre un piège. La question, cette fois, est plus spirituelle que celle sur l'impôt : « Maître, dans la Loi, quel est le grand commandement ? » Le docteur de la Loi demande donc à Jésus une interprétation de la Torah (les cinq premiers livres de l'Ancien Testament). Il aurait pu répondre par lui-même à la question qu'il pose comme le montre la version de saint Luc avec le développement de la parabole du bon samaritain. La question du maître de la Loi est différente : « Que dois-je faire pour recevoir la vie éternelle ? » Et c'est le Seigneur qui interroge à son tour le maître de la Loi : « Que dit l'Ecriture, que vois-tu dans la Loi ? » Et lui de répondre en citant le commandement de l'amour de Dieu et du prochain. En tirant de la Loi ce qu'elle a de meilleur Jésus ne semble donc rien inventer. Ceux qui étudiaient l'Ecriture à son époque pouvaient arriver à la même conclusion que lui. Jésus va dans le sens de la simplicité et de la clarté. Non pas que ces commandements soient faciles à mettre en pratique. Mais ils indiquent au croyant de bonne volonté un chemin sûr pour répondre à la volonté de Dieu dans sa vie. Dans sa question le Docteur de la Loi ne cite justement que la Loi, la Torah. Dans sa réponse le Seigneur affirme : « Tout ce qu'il y a dans l'Ecriture- dans la Loi et les Prophètes- dépend de ces deux commandements ». Il rappelle ainsi l'importance de la tradition prophétique qui permet au juif comme au chrétien de ne pas en rester à une religion légaliste mais à vivre sa foi comme une recherche intérieure de Dieu. Les prophètes ont toujours vivement insisté pour que le culte envers Dieu s'accompagne de la justice sociale qui est une expression privilégiée de l'amour du prochain. Dans la version de saint Marc le maître de la Loi commente la réponse de Jésus en citant les prophètes Osée et Amos : « Fort bien, Maître, tu as raison de dire que Dieu est l'Unique et qu'il n'y en a pas d'autre que lui. L'aimer de tout son cœur, de toute son intelligence, de toute sa force, et aimer son prochain comme soi-même, vaut mieux que toutes les offrandes et tous les sacrifices. »

Je voudrais maintenant faire deux remarques à propos du double commandement de l'amour. Le Seigneur nous demande d'aimer Dieu de tout notre cœur, de toute notre âme et de tout notre esprit. Dieu créateur nous a donné des facultés qui font que nous sommes son image sur cette terre. Pour vraiment aimer Dieu nous devons utiliser toutes ces facultés naturelles (le sentiment, la religiosité, l'intelligence etc.) dans l'exercice des dons spirituels reçus au baptême et à la confirmation : foi, espérance et charité. C'est donc avec tout ce que nous sommes que nous devons aller à la rencontre du Seigneur chaque jour. Notre foi ne doit pas détruire nos facultés naturelles mais les élever et les transfigurer. Le but du croyant ce n'est pas de devenir insensible (sans cœur) et encore moins idiot (sans esprit). Pour aimer Dieu nous avons besoin et de notre cœur et de notre intelligence. Ma deuxième remarque porte sur l'amour du prochain. Jésus dans le même Evangile nous donne une règle simple et infaillible pour savoir comment aimer en vérité notre prochain : « Faites donc pour les autres tout ce que vous voulez qu'on fasse pour vous, c'est bien ce que disent la Loi et les Prophètes ». J'ai lu récemment dans la presse que des caissières du magasin Dia d'Albertville sont en grève depuis 2 ans pour protester contre le travail du dimanche qui leur est imposé. Est-ce que leur patron vient lui aussi travailler le dimanche ? La première lecture, extraite d'un livre de la Loi, nous montre à quel point la Bible peut être d'une actualité frappante et comment l'amour du prochain devrait structurer concrètement notre rapport à l'argent et au commerce : Si tu prêtes de l'argent à quelqu'un de mon peuple, à un pauvre parmi tes frères, tu n'agiras pas envers lui comme un usurier : tu ne lui imposeras pas d'intérêts. Si tu prends en gage le manteau de ton prochain, tu le lui rendras avant le coucher du soleil. C'est tout ce qu'il a pour se couvrir ; c'est le manteau dont il s'enveloppe, la seule couverture qu'il ait pour dormir. S'il crie vers moi, je l'écouterai, car moi, je suis compatissant ! A l'heure de la crise financière et économique mondiale les chrétiens doivent proposer une alternative à un système qui adore le veau d'or de l'argent et du profit et qui ne veut pas se remettre en question. Un chrétien ne peut se résigner face à l'injustice, il est par nature un indigné. Déjà en 1914 Péguy voyait le danger venir : Pour la première fois dans l'histoire du monde l'argent est maître sans limitation et sans mesure… L'argent est seul devant Dieu.

31ème dimanche du temps ordinaire
Matthieu 23, 1-12
2005

L'Evangile de cette liturgie offre à notre méditation le commencement du chapitre 23 de saint Matthieu. Dans les Evangiles, ce chapitre de Matthieu est certainement celui qui nous rapporte *les paroles les plus dures et les plus sévères de Jésus*. On y sent bouillir comme une divine colère qui ne peut pas se contenir. Un peu à la manière de l'épisode au cours duquel le Seigneur chasse les marchands du temple... Le passage de ce dimanche est suivi par sept malédictions proférées à l'encontre des pharisiens.

Il est évident que le prédicateur qui doit commenter ce texte se prêche d'abord à lui-même ! S'il fallait résumer la problématique sous-jacente à ces paroles on pourrait dire tout simplement que le Christ veut nous parler de l'autorité religieuse. Remarquons bien que le Christ ne remet pas en cause l'autorité religieuse ou la charge d'enseignement. Lui-même a institué le collège des Douze pour que ce groupe d'hommes exerce en son Nom une autorité spirituelle. Et il a placé à la tête de ce service pastoral Simon-Pierre. « *Celui qui vous accueille m'accueille, et celui qui m'accueille accueille Celui qui m'a envoyé* »[66]. L'Eglise de Jésus-Christ est donc structurée par une diversité de ministères et de charismes. D'ailleurs le Christ reconnaît bien la validité de l'enseignement des scribes et des pharisiens : « *Pratiquez donc et observez tout ce qu'ils peuvent vous dire* ».

Le problème est donc ailleurs. Ce que Jésus remet fortement en cause ici c'est la manière dont les responsables religieux exercent l'autorité qu'ils ont reçu de Dieu. Et ne pensons pas trop vite qu'il s'agit ici d'histoires anciennes, s'appliquant uniquement aux autorités religieuses juives de l'époque de Jésus.

« *Ils disent et ne font pas* ». Tel est le premier reproche que le Seigneur adresse aux prédicateurs. L'autorité du prédicateur a comme deux sources : la première est celle du contenu de sa prédication. Saint Paul dans la deuxième lecture exprime très bien la première source de l'autorité : « *Quand vous avez reçu de notre bouche la parole de Dieu, vous l'avez accueillie pour ce qu'elle est réellement : non pas une parole d'hommes, mais la parole de Dieu qui est à l'œuvre en vous les croyants* ». Bref l'autorité du prédicateur vient du fait qu'il ne prêche pas ses idées personnelles mais bien la Parole de Dieu. Il se soumet à cette Parole et s'en fait le serviteur. De ce point de vue là les scribes et les pharisiens étaient dignes de foi. La deuxième source qui donne de l'autorité au prédicateur c'est sa vie, c'est sa mise en application de la parole qu'il annonce. Ici encore Paul nous donne un bel exemple : « *Ayant pour vous une telle affection, nous voudrions vous donner non seulement l'Evangile de Dieu, mais tout ce que nous sommes, car vous nous êtes devenus très chers* ». Tel est l'appel lancé aux prédicateurs, évêques, prêtres et diacres : mettre en conformité leur vie avec la Parole qu'ils transmettent au Nom de Dieu. On ne peut pas être un bon

---

66   Matthieu 10, 40

prédicateur si l'on n'accepte pas de se laisser remettre en cause par la puissance de la Parole de Dieu.

« Ils agissent toujours pour être remarqués des hommes.[...] Ils aiment recevoir des gens le titre de Rabbi ». Voilà une autre déformation de l'autorité spirituelle, une tentation toujours actuelle pour les membres de la hiérarchie catholique. Nous pouvons oublier que nous sommes là au service de la Parole de Dieu et du peuple de Dieu. Nous pouvons profiter de notre position d'autorité pour nous mettre en avant, pour nous mettre au-dessus des autres, pour finalement tomber dans le culte de l'apparence, des honneurs mondains et de la vanité. Heureusement le Concile Vatican II a insufflé un esprit de simplicité et de service dans la hiérarchie catholique. En mettant en valeur la notion de Peuple de Dieu, le Concile a voulu rappeler l'Evangile du Christ : *« vous êtes tous frères ».* Par le don spirituel du sacrement de l'Ordre, les évêques, les prêtres et les diacres reçoivent une autorité spirituelle pour le bien du Peuple de Dieu. Ils ne reçoivent pas une promotion ! Ils ne font pas carrière dans l'Eglise pour obtenir le maximum de titres possibles à la manière d'un militaire qui, par ses actes de bravoures, obtiendrait ainsi de nombreuses décorations et médailles.

En fait tout est résumé dans la formule finale : *« Le plus grand parmi vous sera votre serviteur. Qui s'élèvera sera abaissé, qui s'abaissera sera élevé ».* Nous ne pouvons pas prêcher l'Evangile du Christ si nous ne sommes pas profondément enracinés dans son Esprit : un Esprit de simplicité et d'humilité. Rendons grâce à Dieu pour le bel exemple de notre nouveau pape Benoît XVI : son attitude vraiment évangélique respire la simplicité et l'humilité qui doivent être celles du serviteur des serviteurs de Dieu.

Toussaint 2004

Alors que le pape vient d'ouvrir l'année de l'eucharistie, notre diocèse sous l'impulsion de son pasteur entre avec cette fête de la Toussaint dans l'année de la sainteté. Mgr. Cattenoz nous invite à découvrir ou redécouvrir les visages de sainteté qui ont marqué notre terre de Vaucluse. Sans aucun doute l'eucharistie a tenu une place essentielle dans la vie des saints et des saintes de notre diocèse. Répondant à ce double appel nous sommes invités à vivre cette année 2004-2005 comme une année de la sainteté par l'eucharistie. Cette année culminera avec la fête diocésaine de la sainteté qui aura lieu à Avignon les 23 et 24 avril 2005. Pour les jeunes le grand temps fort sera la participation aux Journées Mondiales de la Jeunesse du 11 au 21 août 2005 à Cologne, en Allemagne.

Nous le savons bien Dieu seul est Saint. C'est ce que nous rappelons avec le chant du Sanctus à chaque messe. Dans le Gloria nous disons au Christ : « *Toi seul est saint* ». Oui, Jésus-Christ est bien le visage de la sainteté de Dieu manifestée sur notre terre par le mystère de l'incarnation. Et les Béatitudes sont en quelque sorte le portrait de cette sainteté qui resplendit dans le Christ. Venant du Père par le Fils la sainteté nous est offerte en partage. Oui, notre vocation chrétienne consiste bien en une participation à la sainteté même de Dieu. Et celui qui nous sanctifie c'est l'Esprit saint. Les saints et les saintes, connus ou inconnus, du passé ou d'aujourd'hui, sont les témoins de ce que cette vocation n'est pas une utopie pour doux rêveurs ou de l'héroïsme réservé à une élite. Notre vocation à la sainteté nous est donnée comme un chemin que nous pouvons réellement emprunter, chacun selon son rythme et son charisme propres. Dieu ne nous conduit pas dans une impasse en nous demandant d'être saints. Notre sainteté est possible si nous le voulons bien et avec la grâce de Dieu.

Ceci étant dit, que signifie cette réalité de la sainteté ? Est-ce la bonté, la pureté ? Si nous voulons obtenir une réponse exacte à cette question regardons tout simplement ce que notre foi nous dit de Dieu. Nous croyons en un Dieu trois fois saint, communion d'amour entre le Père et le Fils et le Saint Esprit. L'une des rares « définitions » de Dieu dans le Nouveau Testament nous est donnée par saint Jean : « *Dieu est Amour* ». Puisque Dieu est la source de toute sainteté cela veut dire que le cœur de la sainteté, son essence, c'est l'amour, l'amour de charité. Comment vivre ces traits de la sainteté que sont les béatitudes si nous n'avons pas en nous cet amour ? C'est saint Paul qui, dans sa première lettre aux Corinthiens, nous a tracé d'une manière admirable « *le chemin par excellence* », celui de la sainteté : « *Je peux prophétiser et découvrir tous les mystères et le plus haut savoir ; je peux avoir la foi parfaite jusqu'à transporter les montagnes ; si je n'ai pas l'amour je ne suis rien. Et si je donne tout ce que j'ai, si je me sacrifie moi-même, mais pour en tirer gloire et sans avoir l'amour, cela ne me sert de rien* ». C'est en méditant ce texte que Thérèse de Lisieux a eu comme la révélation lumineuse de sa propre vocation : « *Dans le cœur de l'Eglise, ma mère, je serai l'amour* ».

Alors si nous voulons répondre pleinement à notre vocation chrétienne, nous avons là le critère à la fois simple et absolu : l'amour de charité. C'est à l'aune de ce critère que nous devons examiner nos pensées, nos paroles et nos actions. Et nous interdire tout ce qui pourrait contrevenir au commandement de l'amour. Ainsi nous grandirons jour après jour dans la sainteté des enfants de Dieu.

32ᵉᵐᵉ dimanche du temps ordinaire
Matthieu 25, 1-13
2005

« Heureux les invités au repas du Seigneur ! » Telle est la béatitude que le ministre de l'eucharistie proclame avant le moment de la communion. Le texte latin dit littéralement : « Heureux ceux qui sont appelés au repas de l'Agneau ! » Chacun de nous peut donc se reconnaître facilement dans les jeunes filles de la parabole de ce dimanche. Elles aussi, elles ont été invitées à un repas de noces. Il s'agit ici des noces eschatologiques de l'Epoux. Ou pour le dire autrement du retour du Christ dans la gloire. Avec la parousie du Christ à la fin des temps, ce sera l'accomplissement du Royaume des cieux, Royaume inauguré lors du premier avènement du Christ.

La parabole présente notre vie comme une préparation à cette rencontre avec le Christ glorieux. Nos communions eucharistiques d'ici-bas nous donnent comme un avant goût de cette rencontre face à face avec notre Maître et Seigneur. Comme nous ne savons ni le jour ni l'heure de la parousie et que l'Epoux tarde à revenir, nous pouvons penser que notre mort correspondra à ce moment dont il est question dans la parabole. Le philosophe Fabrice Hadjadj souligne l'importance qu'il y a à « réussir sa mort », et toute la tradition chrétienne parle de la « bonne mort ».

Jésus distingue deux sortes de jeunes filles : les insensées et les prévoyantes. La traduction de la Bible Osty parle des jeunes filles folles et prudentes. Cette traduction a l'avantage de faire le lien avec la première lecture qui a pour thème la recherche de la Sagesse. Notons bien que toutes les jeunes filles, qu'elles soient folles ou prudentes, s'endorment. On peut les comprendre... Pensons au moment de l'Agonie du Christ au jardin des Oliviers et au reproche que le Seigneur adresse à ses trois apôtres : « *Ainsi, vous n'avez pas eu la force de veiller une heure avec moi !* »[67] Or les disciples étaient en présence de Jésus. Les vierges de la parabole, tout comme nous, vivent cette présence de Jésus dans la foi, et non dans la claire vision. Le Seigneur ne présente pas le fait qu'elles se soient endormies comme un péché ou une faute. La preuve, c'est que les cinq vierges sages se sont elles aussi endormies.

Et voilà que l'Epoux arrive au milieu de la nuit, c'est-à-dire au moment où l'on ne s'attend pas à le rencontrer. Le cri qui perce alors le silence nocturne réveille les jeunes filles. D'autres images, comme dans l'Apocalypse, parlent de trompettes qui annonceront la venue du Christ en gloire. Et c'est à cet instant précis que la différence entre les folles et les prudentes va se révéler de manière dramatique. Dans la parabole l'image des lampes à huile est importante. La lampe sert à donner de la lumière lorsqu'il fait nuit. Cette lumière, nous pouvons penser que c'est pour nous la vertu théologale de la foi. Car sans la foi nous ne pouvons pas reconnaître la présence du Seigneur dans nos vies. Toutes les jeunes filles ont mis leur foi dans l'Epoux. La différence entre les folles et les prudentes se trouve ailleurs : certaines ont en réserve de l'huile pour alimenter leurs lampes, ce sont les prudentes, d'autres n'ont pas de réserves, ce sont les folles. Cette huile, nous pouvons penser que c'est l'Amour, la

---

[67] Matthieu 26, 40

charité. La foi sans la charité se dessèche et finit par s'éteindre. Pour reprendre une expression de Paul, seule *« la foi agissant par l'amour »*[68] nous permet de veiller et d'être prêts dans l'attente de l'Epoux. D'après le catéchisme de l'Eglise catholique, la vertu de prudence *« dispose la raison pratique à discerner en toute circonstance notre véritable bien et à choisir les justes moyens de l'accomplir »*[69]. Les cinq jeunes filles sont qualifiées de prudentes parce qu'elles savent où se trouve leur véritable bien : dans la rencontre avec l'Epoux. Et surtout parce qu'elles ont pris les moyens de se préparer à accueillir l'Epoux : une foi agissant par l'amour. Les cinq autres jeunes filles sont folles, dans le sens où elles manquent de cette Sagesse que seul Dieu peut communiquer à ceux qui la recherchent. Tout d'abord elles pensent qu'il est possible d'emprunter de l'huile à leurs compagnes. Or on ne vit pas l'amour par procuration. L'amour de la Sagesse, l'amour de l'Epoux qui vivifie notre foi et lui fait donner toute sa lumière, cet amour là est une réalité profondément personnelle. Une réalité dans laquelle nous avons à nous engager de manière personnelle et unique. Ces jeunes filles sont encore plus folles en pensant qu'elles peuvent aller acheter de l'huile au dernier moment. L'amour de charité n'est pas à vendre, il ne s'achète pas. Cette huile de l'amour n'est pas une denrée commerciale, mais bien un don de Dieu que nous avons à désirer avec ardeur, à recevoir avec gratitude. Le Cantique des Cantiques chante cet Amour là : *« Les grandes eaux ne peuvent éteindre l'Amour, ni les fleuves le submerger. Si quelqu'un donnait tous les biens de sa maison pour l'Amour, on n'aurait pour lui que mépris »*[70].

Je laisserai le mot de la fin à Fabrice Hadjadj qui tente d'exprimer ce que serait une bonne préparation à notre mort :

« L'unique préparation est dans l'amour de l'autre et du Tout-Autre. C'est en apprenant à accueillir l'autre, et à me donner, c'est en entrant dans la petite mort de l'amour que l'on apprend à mourir. De toute façon, tout ce qui n'est pas offert est perdu ».

---

68   Galates 5, 6

69   CEC 1806

70   Cantique 8, 7

33ème dimanche du temps ordinaire
Matthieu 25, 14-30
2011

Les deux chapitres (24 et 25) qui précèdent le récit de la Passion dans l'Evangile selon saint Matthieu tournent nos regards vers le retour du Christ à la fin des temps. La parabole des talents nous parle donc de la venue du Christ glorieux. Elle nous parle aussi du temps de l'Eglise, ce temps entre Noël et le second avènement du Christ. Nous vivons ce temps de l'Eglise au rythme de l'année liturgique, année qui nous présente les différents mystères de la vie de Jésus. Dans la parabole des talents le Fils de Dieu est représenté par un homme qui part en voyage. C'est au jour de l'Ascension que le Seigneur est « parti en voyage ». Il nous a promis de demeurer toujours présent auprès de nous. Malgré cela nous pouvons parfois ressentir dans nos vies chrétiennes ce sentiment de l'absence de Dieu, de l'absence du Seigneur. Avant de nous quitter le Seigneur nous a confié tous ses biens : ce sont les talents. Le plus grand bien qu'il nous a donné c'est l'Esprit Saint avec toute la richesse de ses dons. La parabole précise qu'il nous a confié ses biens en fonction de nos capacités : « à chacun selon ses capacités ». « Puis il partit ». Le temps de l'Eglise est celui où nous sommes libres de faire fructifier les dons reçus. Cette liberté implique aussi que nous puissions en faire un mauvais usage pour diverses raisons. Dieu respecte notre liberté. C'est pourquoi il semble absent. Il n'est pas toujours derrière nous pour rectifier le tir. Il est parti en nous laissant tout ce dont nous avons besoin pour vivre en enfants de Dieu : sa Parole dans la Bible, son Eglise et ses sacrements. Mais jamais il ne s'impose à nous. C'est le sens de son départ en voyage. Peu importe le nombre de talents que nous avons reçu, l'essentiel est de se rappeler que ces talents ne nous appartiennent pas, nous n'en sommes que les gestionnaires. Nous sommes les serviteurs de ce bon maître qui nous fait confiance et adapte ses dons à notre capacité. Une parabole de l'Evangile selon saint Luc se termine de la manière suivante : « On sera plus exigeant si l'on a donné plus, on demandera davantage à qui on aura beaucoup confié ». Cela éclaire bien l'enjeu de l'enseignement de ce dimanche. Le Christ, lors de son retour, sera plus exigeant envers les chrétiens qu'envers les hommes qui ne l'ont pas connu ; il sera plus exigeant à l'égard des papes et des évêques qu'à l'égard des fidèles laïcs. Dans la parabole, sur trois catégories de serviteurs deux ont bien rempli leur mission. Quelle récompense leur donne le Christ lors de son retour ? « Entre dans la joie de ton maître ». Le serviteur bon et fidèle goûtera alors pleinement la joie du Ressuscité, il sera immergé dans cette joie divine. Le cas du serviteur mauvais et paresseux nous intéresse davantage. Car il illustre ce que nous devons éviter de faire. Pourquoi donc cet homme n'a-t-il pas fait fructifier son talent ? « Je savais que tu es un homme dur ». Ce serviteur ne connaissait pas vraiment son maître, il s'en était fait une fausse image. Il en va de même pour nous : si notre conception de Dieu n'est pas celle que Jésus nous a révélée, nous risquons bien de ne pas pouvoir agir en vrais chrétiens. Non seulement ce serviteur ignore la bonté de son maître, mais il oublie que le talent qu'il a reçu appartient au maître : « tu moissonnes là où tu n'as pas semé ». Fausse image de Dieu, oubli de ses dons, tout cela aboutit à la peur qui paralyse : « J'ai eu peur, et je suis allé enfouir ton talent dans la terre ». Un vrai serviteur du Christ ignore cette peur car il met toute sa confiance dans son maître. Mais pour faire confiance au Christ, encore faut-il le connaître comme le maître au cœur doux et humble. « Celui qui a recevra encore, et il sera dans l'abondance. Mais celui qui n'a rien se fera enlever même ce qu'il a. » La traduction de la Bible des peuples a le mérite de rendre plus compréhensible le sens de cette parole : « On donnera à celui qui produit et il sera dans l'abondance, mais celui qui ne produit pas, on lui prendra même ce qu'il a. » Un pauvre peut être un meilleur serviteur du Seigneur qu'un riche, là n'est pas la question. Le 3ème serviteur est mauvais parce qu'il est paresseux, non pas parce qu'il n'a reçu qu'un talent. Le Seigneur Jésus nous connaît mieux que quiconque. Il connaît nos capacités et les dons qu'il nous a faits. C'est pour cela qu'il sera un juste juge que nous ne devrions pas craindre. Ce qui est le plus à craindre, c'est d'être un chrétien endormi, un chrétien inconscient de ses privilèges et des devoirs qui vont avec.

Le Christ Roi de l'univers
Matthieu 25, 31-46
2005

La fin de l'année liturgique nous fait contempler le Christ Roi de l'univers. L'Evangile de Matthieu nous dépeint de manière imagée le jugement final. Ce Roi de gloire, siégeant sur son trône de gloire, est le juge de toutes les nations. Qui mieux que Michel-Ange à la chapelle Sixtine a mis en images cette évocation du jugement dernier ? Quel plus beau texte pouvons-nous trouver que la préface de cette messe pour évoquer ce qu'est le règne du Christ ? *« Règne de vie et de vérité, règne de grâce et de sainteté, règne de justice d'amour et de paix ».*
La grande fresque de Matthieu nous invite à méditer les paroles de notre profession de foi : *« Il reviendra dans la gloire, pour juger les vivants et les morts ; et son règne n'aura pas de fin ».*
C'est le propre d'un roi que d'avoir le pouvoir de juger. Et ici le jugement du Christ en gloire équivaut à une séparation : *« Il séparera les hommes les uns des autres ».* Souvenez-vous de la parabole du bon grain et de l'ivraie ![71] Confronté à l'impatience de ses serviteurs le maître se contente de répondre : *« Laissez-les donc grandir ensemble (le bon grain et l'ivraie) jusqu'à la moisson. Au moment de la moisson je dirai aux moissonneurs : Ramassez d'abord les mauvaises herbes et faites-en des bottes pour les brûler. Ensuite vous rassemblerez le blé dans mon grenier. »* Nous pourrions penser que cette présentation du jugement dernier est quelque peu manichéenne. Notre humanité est divisée en deux camps : les brebis et les chèvres, les bénis et les maudits... On serait tenté de dire : les bons et les méchants. Dans cette fresque du jugement il n'y a que deux possibilités pour notre humanité : le paradis ou l'enfer. Pas question de purgatoire dans cet Evangile. Certes le trait est forcé à la manière des prophètes et il s'agit ici d'un langage par images. Jésus veut tout simplement nous faire comprendre qu'avec son retour en gloire ou avec notre mort nous serons irrémédiablement fixés dans un état d'amitié avec Dieu, ou au contraire dans un état d'éloignement et de refus de Dieu. Avec le jugement, le temps de la patience de Dieu qui laissait pousser ensemble le bon grain et l'ivraie, ce temps-là est révolu. C'est pour cette raison qu'en jugeant le roi ne peut que séparer les brebis des chèvres.
En méditant cet Evangile aux accents sévères et solennels nous pourrions prendre peur. Nous pourrions réduire le visage du Christ roi à celui du divin juge. Si cet Evangile nous met devant le sérieux de notre existence, il nous montre aussi quel est le plan de Dieu pour notre humanité. Une nuance me paraît révélatrice. Comparons pour la saisir le début du discours du Roi aux bénis et aux maudits. D'un côté nous avons : *« Venez les bénis de mon Père, recevez en héritage le Royaume préparé pour vous depuis la création du monde. »* De l'autre : *« Allez-vous en loin de moi, maudits, dans le feu éternel préparé pour le démon et ses anges. »* La différence entre l'entrée dans le Royaume et la damnation tient en ces quelques mots : « depuis la création du

---

71 Matthieu 13, 24-30

monde ». Il n'y a que le Royaume qui est préparé pour nous depuis la création du monde. Cela rejoint un très beau passage de saint Paul : *"Béni soit Dieu, le Père du Christ Jésus notre Seigneur ! Oui, il nous a donné dans les cieux, dans le Christ, toute bénédiction spirituelle. En lui il nous a choisis avant la création du monde pour être devant lui saints et sans tache. »*[72] La volonté de Dieu est donc claire, c'est que nous soyons sauvés, c'est que nous devenions ses fils bien-aimés ! Le Christ Roi est donc Juge en même temps qu'il est Sauveur.

Avez-vous remarqué que les bénis comme les maudits sont étonnés en entendant le jugement ? *« Seigneur, quand est-ce que nous t'avons vu... ? »* Cela signifie qu'ils n'ont pas aimé leur prochain pour aller au Paradis ou pour faire plaisir au Roi. Ils ont pratiqué à l'égard de leur prochain cet amour en actes parce que tout simplement ils étaient bons. Et quand on est bon, notre bonté ne peut que se manifester de manière extérieure et concrète. Bref ils ont aimé d'un amour gratuit : *« Que ta main gauche ignore ce que fait ta main droite quand elle donne aux pauvres »*[73] et encore : *« Vous avez reçu gratuitement, vous donnerez gratuitement »*[74].

Demandons au Seigneur la grâce d'aimer notre prochain en actes, de manière gratuite et désintéressée. Alors nous n'aurons plus peur de la venue du Christ Roi. Car comme le dit saint Augustin : *« Est-ce qu'on aime le Seigneur, lorsqu'on redoute sa venue ? [...] Aimons-nous vraiment, ou est-ce que nous n'aimons pas davantage nos péchés. Nous haïrons nos péchés eux-mêmes, et nous aimerons celui qui va venir pour punir les péchés. »*[75]

---

72   Ephésiens, 1, 3.4

73   Matthieu 6, 3

74   Matthieu 10, 8

75   Liturgie des Heures, volume IV, page 307 (Dimanche de la 33° semaine du T.O)

i want morebooks!

Buy your books fast and straightforward online - at one of world's fastest growing online book stores! Environmentally sound due to Print-on-Demand technologies.

Buy your books online at
www.get-morebooks.com

Achetez vos livres en ligne, vite et bien, sur l'une des librairies en ligne les plus performantes au monde!
En protégeant nos ressources et notre environnement grâce à l'impression à la demande.

La librairie en ligne pour acheter plus vite
www.morebooks.fr

VDM Verlagsservicegesellschaft mbH
Heinrich-Böcking-Str. 6-8   Telefon: +49 681 3720 174   info@vdm-vsg.de
D - 66121 Saarbrücken   Telefax: +49 681 3720 1749 www.vdm-vsg.de

www.ingramcontent.com/pod-product-compliance
Lightning Source LLC
Chambersburg PA
CBHW032006220426
43664CB00005B/155